BEATUS

Die kosmischen Lebensprinzipien

Schlüssel zur Selbstermächtigung

Ewiges Wissen für die Neue Zeit

AF191793

Danksagung

Ich drücke meinen Begleitern aus der Geistigen Licht-Welt, mit denen dieses Buch in gemeinsamer Schöpfung entstanden ist, meinen tiefsten Dank und meine tiefgründige Liebe aus.

Bibliografische Information der Deutschen Nationalbibliothek

Die Deutsche Nationalbibliothek verzeichnet
diese Publikation in der
Deutschen Nationalbibliografie;
detaillierte bibliografische Daten sind im Internet über
http://dnb.ddb.de abrufbar.

Hergestellt in Deutschland • 1. Auflage 2024

Herausgegeben von: www.ailesia.com
Kreationen, die beflügeln!

info@beatus.me
www.beatus.me

Covergestaltung: Tiphaine Desmoulière

Coverbild: Sonia Stegmann

Buchsatz: Heimdall DTP-Service, www.lettero.de

ISBN: 978-3-7597-6105-7
Verlag: BoD • Books on Demand GmbH, In de
Tarpen 42, 22848 Norderstedt
Druck: Libri Plureos GmbH, Friedensallee 273,
22763 Hamburg
© Beat Steinmann

Inhalt

Einleitung

Eine außergewöhnliche Begegnung

Im letzten Frühjahr hatte ich beschlossen, mich für zwei Wochen in die Stille zurückzuziehen. Die Insel Kreta, die ich so sehr liebe, schien mir der geeignete Ort zu sein, um die Inspirationen für meinen neuen Roman zu empfangen. Ich dachte vorerst, mich in einem kleinen Dorf am Meer niederzulassen. Als ich jedoch vor Ort war, zog es mich unwiderstehlich in die Verlassenheit der Berge und alles sollte ganz anders kommen.

Ich hatte die Zivilisation am Meer hinter mir gelassen und fuhr mit meinem Mietwagen in immer abgelegenere Berggebiete. Mein Herz pulsierte auf rätselhafte Weise immer heftiger und ich spürte in meinem Inneren eine ungewohnte Kraft aufkommen. Obwohl ich mich als eine mutige Frau empfinde, war es mir irgendwie unbehaglich. Zugleich flößte mir die Ruhe des Gebirges Vertrauen ein. Ich verließ die letzten Behausungen der Bergdörfer und fuhr in Richtung Niemandsland. Die Asphaltstraße wurde zu einer kiesigen Straße und schlängelte sich in weiten Schlaufen den Bergkamm hoch, bis sie abrupt endete. Ich stellte den Motor ab und fragte mich skeptisch, was ich bloß in dieser verlassenen Gegend verloren hatte.

Ich wusste kaum, wie lange ich so reglos und ungläubig im Wagen gesessen hatte, als ich auf einmal in der Ferne eine große Gestalt auf mich zukommen sah. Als sie näher kam, erspähte ich einen einfachen, aber sorgfältig gekleideten Mann. Seine Gestalt wirkte irgendwie alterslos, eine ungewöhnliche Mischung aus jugendlicher Frische und erhabener Weisheit. Je näher er kam, desto aufgeregter wurde ich, verspürte jedoch nicht die geringste Furcht. Bei mir angekommen grüßte er mich mit einem sanften Lächeln. »Du bist dem Ruf gefolgt. Ich freue mich darüber«, sprach er mich in einer Vertrautheit an, als würden wir uns seit ewig kennen. Er lud mich freundlich ein, meine Sachen zu nehmen und ihm zu folgen. Ich leistete seiner Aufforderung mit unfassbarem Vertrauen Folge. Wir gingen wortlos auf einem Fußweg und ich spürte mit jedem Schritt, wie in meinem Herzen eine gewaltige Kraft und unermessliche Weite Einzug hielten. Alsbald gelangten wir zu einer einfachen Behausung, wo ich die folgenden zwei Wochen verbringen sollte, nicht um die Inspirationen für meinen Roman zu empfangen, sondern um die hier vorliegenden Gespräche niederzuschreiben.

Nachdem ich mich in einem einfachen, harmonisch eingerichteten Zimmer niedergelassen hatte und mich auf der Terrasse zu meinem Gastgeber gesellte, stellte sich jener mit dem Namen Nichias vor. Nach einer Weile begann er: »Wollen die Menschen in ihre kosmische Kraft und Macht zurückkehren, so müssen sie abermals die kosmischen Lebensprinzipien kennen lernen, sich diese aneignen, um in bewusstem Einklang mit ihnen zu leben und sie letztlich zu überwinden«. Er hielt einen Augenblick inne und fuhr fort: *»Unsere Aufgabe besteht darin, diese den Menschen wieder auf klare und einfache Weise zugänglich zu machen, damit sie auf der Neuen Erde erneut in ihre ursprüngliche Größe als Schöpferwesen zurückzufinden können.«* Ich war förmlich sprachlos. Vorerst spürte ich in mir Widerstände und Ängste aufkommen, diesem Anspruch nicht gewachsen zu sein. Stimmen in meinem Inneren überschlugen sich: »Wie sollte ich als Romanbuchautorin ein solch philosophisches und metaphysisches Unterfangen zustande bringen?«. Ich konnte den Gedanken nicht zu Ende denken, als Nichias erwiderte: »Du bist heute hier, weil du die geeignete Person dazu bist. Deine geistige Offenheit, die Reinheit deines Wesens und deine Sprachgewandtheit qualifizieren dich bestens dafür.« Nach langem Schweigen willigte ich ein und ließ meine anfänglichen Widerstände allmählich los. Ich habe es nie bereut.

»Die kosmischen Lebensprinzipien sind wesentliche Schlüssel zur Selbstermächtigung der Menschen in der Neuen Zeit. Kennen und meistern sie die geisti-

gen Gesetzmäßigkeiten des Universums, so werden sie abermals zu Meistern über die Energien und erreichen damit ein wesentliches Ziel in ihrem Leben. So ermöglicht ihnen zum Beispiel die Meisterschaft über das Gesetz der Anziehung, wieder als bewusste, mächtige Schöpferwesen auf Erden zu wirken«, erläuterte Nichias im Vorfeld unserer Gespräche. Ich gestand, dass ich kaum etwas über das Thema wusste. Das sei keineswegs notwendig, versicherte er mich, denn meine Rolle bestehe hauptsächlich darin, als schreibende Botin zu wirken. »Unsere Herausforderung wird es sein, *die Prinzipien so leicht verständlich wie möglich zu vermitteln, ohne dabei deren Wahrheitsgehalt zu verfälschen*«, führte er weiter aus. »Das dürfte kein einfaches Unterfangen sein«, erwiderte ich. »Nicht einfach, aber möglich!«, lachte Nichias.

Die folgenden zwei Wochen sollten für mich besonders intensiv werden. Es entstand die Niederschrift der Gespräche mit Nichias, in denen wir uns in einer Stimmung der Heiterkeit und Herzlichkeit über die kosmischen Lebensprinzipien unterhielten. Mit großer Freude lege ich diese heute jenen Menschen vor, die bereit sind, abermals den Weg der Selbstermächtigung zu beschreiten und über die Kenntnis der Gesetze in die Wahrheit und in ihre ursprüngliche Kraft und Macht zurückzukehren.

Ich drücke Nichias dafür meine tiefste Dankbarkeit aus und ebenso auch dir, die oder der du bereit bist, erneut deine wahre Größe anzunehmen.

Herzlichst, Camille Joyeuse

Das Prinzip der Geistigkeit

Alles ist Geist
Das Prinzip der Geistigkeit wirkt
übergeordnet bei allen Prinzipien.

Camille: Ich möchte mich zuerst von ganzem
Herzen bei dir bedanken, dass du mit mir deinen Geist der Weisheit und Wahrheit teilst, auch
wenn ich noch kaum ahne, wohin uns dieses
Unterfangen führt.

Nichias (lacht): In deine wahre Größe! Auch
ich danke dir, denn es ist mir eine Ehre. Wisse,
dass du alle Weisheit und Wahrheit in dir trägst.
Auch wenn dieses Wissen äonenlang geschlummert hat, so ist es nie verschwunden. Du entscheidest, wann du es abermals aktivierst und
wieder zu deiner täglichen Wirklichkeit werden
lässt.

Camille: Was gibt den Ausschlag dazu?

Nichias: Wenn du wiederum in ein erweitertes
Bewusstsein erwachst und bemerkst, dass Wissen und Weisheit in dir und überall sind und du
dich davon nur vorübergehend abgeschnitten
hast. Du bist erwacht und kannst es nun erneut
annehmen. Das ist ein Augenblick unermessli-

cher Freude. Es ist mir eine große Ehre, dir bei deren Aktivierung behilflich zu sein.

Camille: Ja, das ist wunderbar. Die kosmischen Prinzipien, nach denen das Leben geformt wird, aktiv in mein Leben zu integrieren, dürfte kein einfaches Unterfangen sein.

Nichias (sanft lächelnd): Wir werden unser Möglichstes tun, sie so einfach wie möglich zu erläutern, ohne uns vom Kern der Wahrheit zu weit zu entfernen. Das ist eine freudige Herausforderung.

Camille: Ich bin ganz schön aufgeregt und hab auch ein bisschen Angst, dass ich nicht auf der Höhe sein werde, um deinen Ausführungen zu folgen.

Nichias (lacht abermals): Du bist auf der Höhe Deiner Selbst und damit auf der genau richtigen Höhe. Höre mit den Ohren deines Herzens und alle Wahrheit und Weisheit wird sich dir zum geeigneten Zeitpunkt und in angemessener Weise offenbaren. So wie es JETZT in unserem Austausch geschieht.

Camille: Ich danke dir für dein Verständnis.

Nichias: Dein Herz ist weise und versteht, was deinem Verstand entgeht. Erfühle meine Worte mit deinem intuitiven Geist und lass dich inspirieren. Nimm offen und frei von jeglicher Bewertung an.

Camille: Dabei können sich alle Begrenzungen des Verstandes auflösen und ich darf wieder im freien Geist, in meinem wahren Zuhause, ankommen.

Nichias: Das ist wahrhaft gesprochen, denn *alles entsteht aus dem Geist, wird aus dem Geist erschaffen. Alles, was existiert, ist reiner Geist: das All ist geistig.*

Camille: Das ist nicht einfach anzunehmen. Immerfort hab' ich gehört, einzig die physische Realität sei wahr und jenseits davon existiere nichts.

Nichias: Das war in der Tat ein weit verbreiteter Irrglaube. Das wäre in etwa vergleichbar mit der Behauptung, es gäbe nur das Kind und die Mutter, die das Kind zur Welt gebracht hat, existierte nicht.
Materie ist ja nichts anderes als zu Form gewordener Geist, sozusagen verdichteter Geist. So wie das Kind in seiner körperlichen Form dem Mutterleib entspringt, so entsteht die Materie aus dem Geist.

Camille: Ich verstehe, unser Verstand hat die Nabelschnur zwischen Geist und Materie durchschnitten. Somit wurde die physische Welt zu einer mutterlosen Waise.

Nichias: Das hast du schön und wahrlich gesagt. Wenn du erwachst, erkennst du dich abermals als verbundenes Kind mit Mutter-Vater und wirst dir bewusst, dass deine Waisen-Existenz, in der du dich einsam und bisweilen verlassen gefühlt hast, unwirklich ist.

Camille: Dann war also alles umsonst?

Nichias: Nein, die Erfahrung des Getrenntseins hat dir ermöglicht, dich als ein mit allem verbundenes Wesen zu erkennen. Im Geist ist alles miteinander verbunden und nichts vom anderen getrennt. Der Geist durchdringt alles.

Camille: Was bedeutet ›Geist‹ eigentlich?

Nichias: Geist bedeutet: *»Alles ist EINS«, das »EINS und ALLES« ist das Gleiche.* Wenn du jetzt sagst, das verstehe ich nicht, dann drückt dies einzig aus, dass Geist mit dem Verstand nicht erfassbar ist. Das ALL wählt den Geist als seine Ausdrucksform, um sich zu manifestieren. So wird er auch für den »individuellen« Geist erfassbar.

Camille: Der Geist ist dann sozusagen die Sprache des Alls, das Wort, das am Anfang aller Schöpfung steht. Und aus ihm werden alle Lebensformen geboren.

Nichias: Ja, so kannst du es auch sagen. Der reine, mächtige Geist ist der Ursprung allen Seins. Bringen wir nun Geist und Materie miteinander in Beziehung, so können wir folgendes bemerken: Der Geist befindet sich auf der Ebene der Ursache und ist von männlicher Polarität. Die Materie hingegen ist auf der Ebene der Wirkung beziehungsweise des Werdens und ist in der weiblichen Polarität. Oder eben, wie ich schon erwähnt habe: *Materie ist zu Form gewordener Geist.*

Camille: Du hast soeben die Grundbeschaffenheit des Universums beschrieben. Das hört sich etwas abstrakt an, ist aber nachvollziehbar. Der Geist erschafft alle Lebensformen und Materie ist nichts anderes als der Ausdruck der unzähligen Lebensformen, die aus dem Geist erschaffen werden.

Nichias: Bevor wir in den konkreten Bereich übergehen, lass mich nochmals an den Ursprung zurückkehren: Der reine, mächtige Geist ist die formlose Ur-Quelle allen Seins und Lebens, jenseits von Ursache und Wirkung, jenseits von männlich und weiblich. Aus ihm gehen alle kosmischen Prinzipien hervor, welche die Lebensformen bestimmen.

Camille: Heißt dies, dass die Ur-Quelle sozusagen in der höchsten Frequenz schwingt, wie eine gigantische Ur-Sonne strahlt und dadurch allen

Formen Leben einhaucht? Ihre reine und geballte Energie ist derart mächtig, dass jegliche Lebensform in ihrer Nähe augenblicklich verbrennen oder explodieren würde. Alle daraus entstandenen Lebensformen schwingen in tieferen Frequenzbereichen und damit in höherer Dichte, bleiben jedoch allzeit vom Geist durchdrungen. Letzterer schwingt dann einfach ein paar Oktaven tiefer und ist mit unseren Sinnen wahrnehmbar.

Nichias: Ja, genau. Das All, beziehungsweise der Geist, ich nenne ihn mal den »All-Geist«, ist universell und schöpferisch. Er ist jedoch als solches mit unserem begrenzten Verstand weder erkennbar noch erklärbar. Er ist bloß annähernd mit dem intuitiven Geist des Herzens erlebbar und erfühlbar.

Camille: Ich kann ihn in Form von Liebe und Bewusstsein in meinem Herzen spüren.

Nichias: Wenn du die Wahrheit der geistigen Natur des Universums begriffen hast, bist du bereit, als bewusste Schöpferin deines Lebens zu wirken. Du kannst dann wählen, ob du die universellen Prinzipien und Gesetze bewusst anwenden oder das Leben dem »Zufall« überlassen willst.

Camille: Ich glaub' ich habe schon gewählt. Ich bin mir bewusst, dass es keinen Zufall gibt. *Ich will mein Leben nicht mehr den undurchsichtigen Machen-*

schaften eines nebelhaften Unbewussten überlassen und es in vollem Bewusstsein nach den Prinzipien des Universums gestalten. Ich allein bin die Schöpferin meines Glücks, ich allein wähle, was und wie ich leben will.

Nichias: Die Prinzipien kommen zur Anwendung, unabhängig davon, ob du an sie glaubst oder nicht. Sie SIND. Du kannst dich gegen sie auflehnen, über dein Schicksal jammern und dich als ein Opfer sehen, all das kümmert die kosmischen Gesetze wenig.

Camille: Sie wenden sich selbsttätig an. Auch wenn ich am Jammern bin, wirken sie und ich bin dabei, das zu erschaffen, worüber ich jammere ...

Nichias: ... indem du unbewusst das Gesetz der Anziehung nutzt und das erschaffst, was du eigentlich nicht willst. Daher ist es wichtig, die kosmischen Prinzipien bewusst und weise anzuwenden. Denn durch deine geistigen Bilder und Gedanken erschaffst du deine Welt. Gleichzeitig zum Geist als Schöpfer nutzt du die Emotionen, um deinen Kreationen Leben einzuhauchen. Wie das genau vor sich geht, werden wir beim Prinzip der Anziehung sehen. Vorab ist wichtig, dass du erkennst, dass alle Erscheinungsformen des Lebens aus dem Geist erschaffen werden und die Wirklichkeit geistig ist, das heißt, vom Geist durchdrungen ist.

Camille: Ja, der Samen dieser Wahrheit geht allmählich in meinem Bewusstsein auf. Es kommt mir vor, als kehrte sich die Welt beim Erwachen in ihr Gegenteil um. In meinem Schlafwandler-Bewusstsein bestand die Welt nur aus Materie und jetzt ist das Universum geistig. Ich glaubte, mein Körper wäre das Gefäß für meine Seele und jetzt erkenne ich, dass das Umgekehrte der Fall ist: nicht die Seele ist in meinem Körper, sondern mein Körper in der Seele. Das ist am Anfang ganz schön verwirrend. Ich habe dann das Gefühl, die Welt werde auf den Kopf gestellt.

Nichias: In Wirklichkeit rückt sie bloß wieder an ihren richtigen Platz.

Camille: Es ist, als hätte ich in einer verkehrten Welt gelebt.

Nichias: Das war auch tatsächlich der Fall.

Camille: Wenn ich richtig verstehe, hat mich mein Verstand, der als Werkzeug des Egos gedient hat, von der Wirklichkeit der universellen Gesetze abgeschnitten und mir vorgegaukelt, seine eigenen, willkürlichen Gesetze würden die Realität bestimmen. Natürlich habe ich mir das nicht selber so ausgedacht. Es wurde mir durch Erziehung und Schule so eingepaukt, bis ich im Schlafe daran glaubte. So wurde mein sogenanntes Schlafwandler-Bewusstsein programmiert und ich lebte die ganze Zeit in einer verkehrten Welt. In jener Welt war alles voneinander getrennt und jetzt erkenne ich, dass im Universum alles miteinander verbunden ist ...

Nichias: ... und das Prinzip, das alles miteinander verbindet, ist der All-Geist. Dies geschieht über die Energie, deshalb können wir ebenso sagen, alles im All ist Energie. Auch Materie ist nichts anderes als Energie oder eben eine bestimmte Schwingungsfrequenz ...

Camille (beflügelt): ... und die Hauptenergie des Universums ist die Liebe. Deshalb sagen wir ja auch, die Liebe hält alles zusammen, ohne sie würde die Welt auseinanderfallen!

Nichias (beherzt): In der Tat würde das Universum ohne Liebe förmlich zerbersten und zu einem chaotischen Durcheinander werden. Die kosmischen Gesetze halten ja gerade die Ordnung innerhalb aller Ebenen des Daseins.

Camille: Warum sollten wir Menschen, die wir so lange in einer verkehrten Welt gelebt haben, nach diesen Prinzipien leben? Und warum wurden uns diese Prinzipien nicht schon früher gelehrt.

Nichias: Dadurch wirst du abermals die Freiheit der Seele erlangen. *Wenn du dein Leben nach den*

Prinzipien der Schöpfung gestaltest, wirst du erneut zu einem Wesen, das in allumfassender Liebe lebt. Dies wiederum führt zur Vereinigung aller Herzen aller Lebewesen auf dem Planeten Erde. Du kehrst damit in das wahre Einssein von allem, was existiert, zurück und streifst das illusionäre Gewand des Egos mit seiner verkehrten Welt endgültig ab. *Die weise Anwendung der kosmischen Prinzipien führt dich in deine Existenz als kosmischer Mensch zurück.*

Camille: Und das ist einiges! Ihre Wichtigkeit und Tragweite werden mir allmählich bewusst.

Nichias: Um noch auf deine zweite Frage einzugehen: *Diese Prinzipien wurden zu allen Zeiten gelehrt und gelebt, nur waren bloß wenige Wesen dafür bereit.* Was willst du einem Gast deinen besten Wein auf den Tisch bringen, wenn sein Rachen nur einen Krätzer gewohnt ist. Von dem Augenblick an, wo sich sein Gaumen nach einem edlen Tropfen sehnt, bietest du ihm einen besseren an. Deshalb tische ich dir, liebe Camille, heute meinen besten Wein auf.

Camille: Ich bin geehrt und nehme in Dankbarkeit an. Übrigens frage ich mich seit geraumer Zeit, ob es so etwas wie einen individuellen Geist überhaupt gibt.

Nichias: Ja und nein.

Camille (lacht): Willst du dich damit um eine Antwort drücken?

Nichias: Aber sicher, ich habe nie behauptet, auf alle deine Fragen zu antworten! Spaß beiseite, es ist in der Tat beides zugleich der Fall.

Camille (noch immer lachend): Ich wittere es schon: »Du ziehst jetzt bestimmt die Katze aus dem Sack, indem du mit der göttlichen Dichotomie argumentierst.«

Nichias (erheitert): Da hast du die richtige Katze erwischt. Im Grunde ist alles der EINE Geist und alles ist allzeit vom Geist durchdrungen. So gesehen gibt es nur den All-Geist, der im ganzen All wirkt. Nun ist dieser aber in unterschiedlicher Schwingungsfrequenz in allen mannigfaltigen Ausdrucksformen des Lebens vorhanden. Zum Beispiel schwingt er in deinem Wesen in einer bestimmten Frequenz, was ihm den Anschein einer gewissen Individualität geben kann, während er bei einem anderen Wesen in einer anderen Frequenz schwingt und so den Anschein erweckt, als wäre sein Geist und dein Geist verschieden oder eben in einer individualisierten Form vorhanden. Beide sind Ausdruck einer bestimmten Wahrheit und können zugleich existent sein. Für deinen Verstand ist dies ein unauflösliches Paradox. Für deinen allumfassenden intuitiven Geist sind es bloß zwei Ausdrucksformen (zeit)gleicher Wirklichkeiten. Wir nennen das auch ein göttliches Paradox, bei dem zwei Pole der Wahrheit, der absolute und der relative, zum Ausdruck kommen.

Camille: So gesehen kann ich es nachvollziehen. Was dem ausgrenzenden rationalen Verstand als ein unlösbares Problem erscheint, ist für den alles miteinbeziehenden, intuitiven Geist ein Kinderspiel.

Nichias: Ich möchte, bevor wir unsere Unterhaltung zum ersten Prinzip abschließen, noch folgende Aussage kurz erläutern: »Alles ist im All und das All ist in Allem.« Anders ausgedrückt bedeutet dies: Das Teilchen ist im Ganzen und das Ganze ist im Teilchen, doch das Teilchen ist nicht das Ganze.

Camille: Das ist die berühmte Geschichte mit dem Tropfen und dem Ozean. Der Tropfen ist im Ozean und der Ozean ist im Tropfen, doch der Tropfen ist nicht der Ozean, aber der Tropfen trägt die Grundinformation des Ozeans in sich. Beide sind verschiedene Ausdrucksformen des gleichen.

Nichias: Genau. Wir könnten überdies auch sagen: Der Geist ist Information und der reine Geist ist dementsprechend Ur-Information, während simultan überall spezifische Informationen im All sind, die jedoch immer aus der Ur-Information hervorgehen.

Camille: Womit wir im Universum der Quanten ankommen.

Nichias: Ja, wir sind dann im Quanten-Geist und in der Quantenlogik. Sie beschreiben die gleiche Wirklichkeit in einer anderen Terminologie.

Ich möchte noch ein anderes, konkretes Beispiel anführen. Du, meine liebe Camille, betätigst dich als Schriftstellerin. In deinen Texten kreierst du Geschichten, Charaktere und deren Leben, die alle deinem Geist entspringen. Dein schriftstellerischer Geist wirkt durch deine Figuren und Geschichten. Deine Figuren leben in deinem Geist und dein Geist lebt in den Figuren und den Geschichten, doch deine Figuren sind nicht »du«. Du bist nicht deine gestalteten Charaktere, obwohl sie Ausdruck deines Geistes sind.

Camille: Ja, das ist in der Tat eine wesentliche Unterscheidung. Die Wahrheit der geistigen Natur des Universums reift allmählich in mir und treibt alsbald wunderliche Blüten.

Die Schöpferprinzipien

Nichias: Zu diesen gehören das Prinzip der *Anziehung* mit ihren »Unter-Prinzipien«, nämlich der *Entsprechung* und *Ursache und Wirkung.*

Ihre Anwendung ermöglicht dir, als ein bewusstes universelles Schöpferwesen auf Erden zu wirken. Ihre Kenntnis erlaubt dir, jene abermals zu aktiveren. Dadurch nimmst du deine Kraft und Macht als kosmischer Mensch wieder an. Das kannst und darfst du indessen nur in der Liebe tun, denn sie allein kann als weise Schöpferin wirken und dafür bürgen, dass du im Rahmen der universellen Harmonie erschaffst.

Das Prinzip der Anziehung

Alles ist Schwingung

Erkenne dich als göttliche*r
Mitschöpfer*in auf Erden

Camille: Wie ich mittlerweile weiß, erschaffen wir unsere Welt jederzeit. Ich bin allzeit Schöpferin meiner Wirklichkeiten, doch noch oft bin ich mir dessen nicht bewusst.

Nichias: In der Tat erschaffst du dir deine Wirklichkeiten bisweilen nicht im Bewusstsein der Prinzipien, die das Leben in der Form bestimmen.

Camille: Wir tun dies täglich und von klein auf, haben aber nie gelernt, das Leben nach den universellen Gestaltungsprinzipien zu erschaffen. Gewissermaßen wie eine Künstlerin, die in ihrer Ausbildung lernt, die Gestaltungsprinzipien zur Erschaffung eines Kunstwerks anzuwenden.

Nichias: Du formst das Leben und erschaffst dir damit deine Wirklichkeiten. Wenn du erlaubst, erkläre ich dir vorerst die unterschiedlichen Stufen der Wirklichkeit. Das hört sich auf den ersten Blick etwas abstrakt an, ist aber wesentlich zum Verständnis deiner Identität als Mit-Schöpferin des Lebens auf Erden.

Camille: Ja, sehr gern. Ich bin ganz Ohr.

Nichias: Vorerst gibt es die formlose Wirklichkeit. Sie ist ewig und unendlich. Sie ist *die göttliche UR-Essenz* und besteht *aus reinem Licht und reiner Liebe.* Wir könnten sagen, nichts und alles ist zugleich. Wie du bereits gemerkt hast, ist es unmöglich, diese UR-Wirklichkeit in der Begrenztheit der menschlichen Sprache wiederzugeben. Zudem ist es dir unmöglich, dieses unermessliche Bewusstsein und diese allumfassende Liebe mit deinem begrenzten Bewusstsein zu erfahren und zu erfassen. Du kannst sie in Bruchteilen von Sekunden erfühlen und erahnen.

Diese Ur-Wirklichkeit ist derart gewaltig, dass du im wahrsten Sinne des Wortes augenblicklich verbrennen würdest, wenn du auch nur annähernd mit ihr in »Berührung« kommen würdest. Dennoch ist ihre Gegenwart auch in dir und du bist Teil von ihr. In der Sprache der Musik ausgedrückt, schwingt die Ur-Wirklichkeit in einer unvorstellbar hohen Schwingung und gibt so den Ur-Ton des Omniversums vor, während das Instrument deiner menschlichen Wirklichkeit in einer viel tieferen Frequenz schwingt und erklingt. Dein Instrument ist ursprünglich im Einklang mit dem UR-Ton und somit auf dessen Ur-Frequenz eingestimmt.

Camille: Heißt das, dass ich den Einklang mit dem UR-Klang verlieren kann.

Nichias (lacht): Das ist bereits geschehen. Von dem Moment an, wo du angefangen hast, Wirklichkeiten mit dem Trennungsbewusstsein deines Egos zu erschaffen, bist du zur Gestalterin von Missklängen geworden.

Camille: Deshalb ist das Konzert der Menschen auf Erden bisweilen zur reinsten Kakophonie geworden. Die Reinheit des UR-Klangs ist derart besudelt worden, dass die Missklänge selbst meine menschlichen Ohren schmerzen.

Nichias: Den Missklang kannst du aber nur hören, liebe Schwester, weil du den UR-Ton in deinem Herzen trägst und ihn dank deiner Sensibilität sanft hörend noch immer wahrnimmst.

Deine Seele ist das reine Wesen, das in Einklang mit dem UR-Klang schwingt. Sie schwingt in reiner Abstimmung unzählige Oktaven tiefer zum UR-Ton. Sie drückt sich über die Herzschwingung deines Wesens bis in deine erschaffenen Wirklichkeiten aus.

Als Mensch stehen dir zwei Quellen zum Erschaffen deiner Wirklichkeiten auf Erden zur Verfügung: die Seele, die sich durch dein Herz ausdrückt und das Ego. Beide erschaffen eine Welt, die in sich umfassend ist. Die beiden schließen sich jedoch gegenseitig aus. Erstere ist vollkommen und letztere unwirklich.

Sehr vereinfacht ausgedrückt, kannst du drei Stufen der Wirklichkeit erkennen: erstens die formlose Wirklichkeit der UR-Quelle; zweitens die aus dem Einheitsbewusstsein der Seele erschaffenen Wirklichkeiten, die im Einklang mit der UR-Wirklichkeit schwingen; und drittens die aus dem Trennungsbewusstsein des Egos erschaffen Wirklichkeiten, die eine Welt des Missklangs und Illusion abbilden.

Camille (heiter): Als *reine* Illusion hat sie wenigstens auch etwas Reines. Ich verstehe nun, warum

dir daran gelegen ist, die etwas abstrakt anmuten-
den Stufen der Wirklichkeiten zu erörtern.

Nichias: Die ewige, unendliche und allmächtige
Ur-Wirklichkeit dient dir in deiner menschlichen
Existenz als Orientierung, als Ur-Frequenz, auf die
du dich und dein Instrument einstimmen kannst.
Du kannst sie in einem um vieles abgeschwächten
Frequenzbereich erleben, wenn sich dein ganzes
Wesen bestmöglich auf sie einschwingt. Sie IST
unveränderlich und formlos und bezüglich deiner
menschlichen Wirklichkeit jenseits von Raum, Zeit
und Materie. Sie IST reiner Geist. Die Raum-Zeit-
Materie-Wirklichkeit hingegen ist die feinstoffliche
Geist-Wirklichkeit in dessen tiefsten grobstofflichen
Frequenzbereich.

Camille: Oha! Jetzt wird's doch wieder ganz schön
abstrakt.

Nichias: Das ist naheliegend. Feinstoffliche Wirklichkeit ist per se abstrakt, während die grobstoff-
liche Wirklichkeit konkret ist. Die menschliche
Sprache ist durch ihre lineare und dreidimensionale
Logik dermaßen beschränkt, dass es kaum möglich
ist, abstraktere Wirklichkeit damit auszudrücken.

Camille (wie im Selbstgespräch): Da bin ich ehrlich
gesagt auch sprachlos. Versuche ich das Gesagte
mit meinem beschränkten Verstand aufzunehmen,

so fühle ich mich völlig überfordert. Je mehr ich die Begrenztheit meines Verstandes loslasse und die Worte mit dem Herz-Geist aufnehme, kann ich deren Wahrheit allmählich erspüren und erfahren. Mein Geist erlebt dann eine unermessliche Ausdehnung und wird eins mit einer Art »Welt-Geist«. Verglichen mit meiner körperlichen Erfahrung ist es, als ob ich die Erde vom All aus als Ganzes betrachtete und nicht mehr mit meinen beschränkten körperlichen Augen, die nur kleine Ausschnitte von ihr wahrnehmen. *(Nichias Blick ruht wohlwollend auf Camille)*. Aus deinem Mund erklingen Worte der Wahrheit und Weisheit, die in meinem ganzen Wesen widerhallen und mich einladen, in meine wahre Größe einzutreten. Ich verstehe, warum es unerlässlich ist, im Leben bewusst zu wählen, ob wir unsere Wirklichkeiten mit dem Ego-Verstand oder dem Herz-Geist erschaffen wollen.

Nichias: Solange dein Bewusstsein schläft, erschaffst du unbewusst mit deinem Ego-Verstand Illusionen, die du dann deine Wirklichkeiten nennst. Du lebst dann sozusagen in einem unbewusst projizierten Hologramm, in einer dir selbst vorgespiegelten Realität, wie wenn du dich in einem Kino auf der Leinwand sehen würdest und die Projektion auf der Leinwand für deine Wirklichkeit hieltest.

Camille: Kannst du das bitte etwas näher ausführen? Mir scheint hier ein zentraler Punkt zu liegen, weshalb wir nicht als diejenigen leben, die wir wahrhaftig sind.

Nichias: Das ist wahrlich so. Du hast gelernt, die Ereignisse mit deinem Verstand zu interpretieren. Die Interpretation zieht unmittelbar eine Emotion nach sich und du reagierst auf das Erlebnis. Schauen wir dies anhand eines konkreten Beispiels an. Stell dir vor, du beobachtest eine Szene, bei der ein Mann einer Frau eine Ohrfeige verpasst. Nebenbei soll erwähnt sein, dass du nicht weißt, was der Szene vorausgegangen ist. Du kennst folglich die Handlungsmotivation der Person nicht.

Camille: Wie auch immer, das ist unerhört!

Nichias: Sehr schön. Du gibst gerade das Beispiel für eine mögliche Reaktion. Du interpretierst das Geschehen und urteilst darüber. Und dieser Interpretation folgt unmittelbar eine Emotion, nämlich Empörung, nicht wahr?

Camille: Ja, sicher, das ist eine Unverschämtheit!
Nichias: In unserem Beispiel vermischst du die Tat oder die Tatsache mit der Interpretation, die du dir von der Tat machst. Beschreibst du faktisch die Tat, so siehst du eine Hand, die auf eine Wange schlägt, nicht wahr?

Camille *(lakonisch)*: In der Tat.

Nichias: In deiner Mischung aus Interpretation und Emotion bist du aber schon dabei, ein neues Szenario zu schaffen, nämlich dein eigenes Szenario der Situation. Wären noch andere Menschen Zeugen der Situation, so hätten wir ebenso viele zusätzliche Szenarien wie Zeugen. Deine Interpretation bestimmt alsbald die Art und Weise, wie du die Situation erlebst. Nicht selten werden bei dir dann zusätzlich Erinnerungen wachgerufen. Im erwähnten Beispiel persönliche oder kollektive Erinnerungen männlicher Gewalt gegenüber Frauen, was deine Emotionen weiter verstärkt. Diese Erinnerungen bereichern das von dir unbewusst erschaffene Szenario des ursprünglichen Ereignisses. Überdies weißt du nicht, was der Szene vorausgegangen ist. Nehmen wir einmal an, der Mann hat soeben erfahren, dass ihn seine Partnerin mit seinem besten Freund betrogen hat. Ich erwähne das bloß daher, damit du dir im Klaren bist, dass du immer nur einen kleinen Ausschnitt der Wirklichkeit wahrnimmst. Fazit: Du bist schließlich in deinem Interpretations- und Urteils-Szenario gefangen, das du für die Wirklichkeit hältst und du reagierst dementsprechend.

Camille: Ja, ich verstehe. Mein Szenario, das ich für die Wirklichkeit halte, ist letztlich eine von mir erschaffene Illusion, die mit dem ursprünglichen Fakt nichts zu tun hat. Es ist meine Reaktion auf den Fakt.

Nichias: Als mutige Frau, die du bist, greifst du vielleicht sogar in die Szene ein und ergreifst Partei für die Frau, die du unbewusst als Opfer wahrnimmst und mit der du dich identifizierst. Du greifst als heldenhafte Retterin ein, die dem schwachen Opfer beisteht, zumal du dich gerne für die Sache der Frau engagierst. Das schafft vielleicht sogar neue Folge-Ereignisse, indem dich der vor Wut außer sich geratene Mann anschreit, du solltest dich gefälligst nicht in Angelegenheiten einmischen, die dich nichts angehen und du erwiderst, dass dich das sehr wohl etwas angehen würde. Das Szenario kann so oder ähnlich weitergespielt werden und erreicht vielleicht sogar neue Höhepunkte.

Camille: Ich sehe, du hast absichtlich eine Szene gewählt, die mich emotional berührt.

Nichias (schmunzelnd): Du wärst mit Sicherheit nicht die einzige.

Camille: Deine Ausführungen sind dadurch umso aussagekräftiger. Mir wird klar, dass ich das äußere Geschehen mit meinen Interpretations-Filtern wahrnehme und dadurch eine Realität erschaffe, die mit der Ausgangssituation insofern nichts mehr zu tun hat, als ich mir mein eigenes Szenario der Situation erschaffe.

Nichias: Ganz genau! Gehen wir nun noch einen Schritt weiter. Alsbald projizierst du dein Szenario auf die Szene, so wie ein Projektor im Kinosaal den Film auf die Leinwand projiziert. Es geht hier um das bekannte psychologische Phänomen, dass du deine in Wahrheit eigenen Erlebnisse auf andere Menschen oder eben auf eine Situation projizierst. In unserem Beispiel tust du dies vielleicht in Form einer Verbalattacke wie: »Du elender Scheißmacho!«

Camille (verlegen lächelnd): Klingt unschön, ist aber durchaus möglich.

Nichias: Und gleichzeitig brodeln in dir Gefühle der Wut und letztlich der Ohnmacht, da du dich ja schließlich unbewusst mit dem »schwachen« Opfer, dem du zu Hilfe eilst, identifizierst.

Camille: Klingt ganz schön doof, wenn du mir das so im Spiegel vorhältst.

Nichias: Du brauchst dich deswegen nicht zu verurteilen. Ich lade dich bloß dazu ein, die Funktionsweise deiner Ego-Verstand-Gefühls-Szenarien in dein Bewusstsein aufzunehmen, damit du sie umwandeln und auflösen kannst, sofern du dies wünschst. Denn du wirst dir zugleich bewusst, dass all diese Szenarien nicht bloß reine Illusion, sondern für die konstruktive Entwicklung und

Auflösung der Situation völlig unproduktiv sind. Ziehe ich daraus das Fazit, so wird klar, dass du dir mit deinen Interpretations- und Projektionsfiltern deine eigene Wirklichkeit erschaffst, die faktisch mit der Situation nichts mehr zu tun hat und bloße Illusion ist. Da du dich überdies damit identifizierst, machst du die Illusion zu deiner persönlichen Wirklichkeit.

Camille: Ich beginne allmählich zu verstehen, was du damit meinst, wenn du sagst, dass die mit dem Ego erschaffene Welt eine bloße Illusion ist. Es erschafft Wirklichkeit immer an Hand des Trennungsbewusstseins mit deren Interpretationen und Projektionen. *(Selbstironisch)* Das ergibt in der Tat eine riesige Fata Morgana. Das Leben verkommt zum reinen Trugspiel, in dem die immer gleichen Dramen in unzähligen Variationen durchgespielt werden.

Nichias: Deine Worte sind schlüssig. Lass mich noch einmal auf die Metapher des Kinos zurückkommen: Dein verstandesmäßiger Geist ist der Projektor, der deine Szenarien auf die Leinwand projiziert. Indem du dich mit dem Geschehen auf der Leinwand identifizierst, schaffst du dir deinen eigenen Film vom Leben bestehend aus deinen Grundszenarien immer von neuem. Jene hast du dir meist im Kindesalter in Form von Glaubens- und Handlungsmustern angeeignet und inszenierst sie ein Leben lang, solange du dir ihrer nicht bewusst wirst und sie nicht willentlich umwandelst und auflöst. Du entnimmst daraus, dass du nicht bloß der Projektor, sondern auch die Drehbuchautorin deiner Szenarien bist.

Camille: Das führt uns zur klassischen Frage, ob das Drehbuch bereits geschrieben ist oder ob ich es nach und nach selber schreibe.

Nichias: Und was antwortest du auf deine Frage?

Camille: Ich bin mir nicht sicher. Spontan würde ich sagen: beides. Die eine Drehbuchautorin ist, wie aus deinen Ausführungen deutlich wird, mein Ego-Verstand, der seine Szenarien fortwährend auf die Leinwand der Welt projiziert und das Geschehen auf der Leinwand interpretiert. Damit schaffe ich mir meinen Film vom Leben, sozusagen mein Heim-Kino. In diesem Heim-Kino werden letztlich immer die gleichen Grundszenarien abgespult. Ohne die geringste Kreativität werden immer wieder die gleichen Szenarien in kleinen Variationen in Szene gesetzt. Es ist, wie wenn ich auf meinem Player die Repeat-Taste gedrückt hätte und ich mir in meinem Heim-Kino endlos die gleichen Filme anschauen würde. So schaffe ich wie ein Automat mein höchstpersönliches – von der wahrhaftigen Wirklichkeit abgeschottetes – Heim-Kino und ernenne diese Schein-Welt zu meiner Wirklichkeit.

Nichias: Das hast du treffend gesagt.

Camille: Du hast mir ja alles Nötige dazu geliefert. Und wie sieht es mit der anderen Drehbuchautorin aus?

Nichias: Jene nennt sich die Seele. Wie du weißt, bist du in Wahrheit ein Seelenwesen. Dieses benutzt deinen Körper als Gefäß, sozusagen als Vehikel, um sich in der Welt der Dichte zu manifestieren. Es übt die Doppelrolle der Drehbuchautorin und Regisseurin aus, während deine Persönlichkeit die Rolle der Schauspielerin auf der Bühne des Lebens innehat. Natürlich spielst du auf verschiedenen Bühnen des Lebens. Außerdem interpretierst du unterschiedliche Rollen wie zum Beispiel jene der berufstätigen Frau, der Partnerin, Freundin und dergleichen mehr. Anders ausgedrückt, spielst du in mehreren Filmen gleichzeitig.

Die Seele entwirft dementsprechend ihre Grundszenarien für ein bestimmtes Menschenleben auf der Erdenbühne. Sie hat zum Ziel, durch bestimmte Szenarien, gezielte Erfahrungen zu machen, die ihr ermöglichen, sich durch die Erfahrung bewusst in der Form – im Spiegel ihrer selbst – zu erleben. Sie »schreibt« diese Szenarien immer in der Möglichkeitsform. Du trägst diese dann als Potenziale in dir, die du aktivieren kannst oder auch nicht. Du hast immer die Wahlfreiheit, welche Szenarien du inszenieren willst.

Camille: Dennoch hat dieser Entscheid eine wesentliche Auswirkung auf meine weitere Entwicklung. Wenn meine vom Ego erschaffenen Szenarien nicht in Übereinstimmung mit den Seelenszenarien sind, so kann das meine Seelenentwicklung blockieren.

Nichias: Es blockiert oder verzögert in der Tat die von der Seele erwünschten Erfahrungen, die eine optimale Entwicklung deines Wesens garantieren. Ich möchte dies anhand einer Metapher kurz ausführen: Gehen wir davon aus, dass es bei der Entwicklung deines Wesens darum geht, auf den Gipfel eines Berges zu steigen. Die Seele bietet dir dazu den optimalen Weg an, auf dem du genau die nötigen Erfahrungen machst, die du auf dem Weg brauchst. Ich betone, dass ich nicht vom schnellsten Weg, sondern vom optimalen Lebensweg spreche. Jener bietet dir die optimalen Erfahrungsmöglichkeiten, damit du zum Gipfel gelangst. Der Weg ist für jedes Wesen einzigartig. Du kannst also nicht in die Fußstapfen eines anderen Wesens treten. Nur deine Seele, beziehungsweise das Herz als deren Ausdehnung, kennt das wahre Ziel und den Weg dorthin.

Camille: Und das Ego kennt weder das Ziel noch den Weg. Es ruft seine eigenen Ziele auf den Plan und seine Wege werden Umwege oder Abwege. Oft drehen wir uns dabei sogar im Kreise. Zumal wir uns in den Bergen auch leicht verirren können, wenn wir der Stimme der Bergführerin, der Seele, nicht horchen und uns nicht von ihr leiten lassen. In felsigen Gegenden können wir sogar leichtsinnig abstürzen. Wenn wir zigmal an die gleiche Wegkreuzung kommen, weil wir die gleiche Schlaufe gedreht haben, ist es vielleicht an der Zeit, den richtigen Wegweiser, die Zeichen der wahren Bergführerin zu vernehmen.

Nichias: Wie du weißt, ist das nur mit offenen Augen möglich. Wenn du blindlings voranschreitest und dich von den kurzlebigen Begehren und Wünschen des Egos leiten lässt, wanderst du wie ein Schlafwandler im Hochgebirge. Wenn du aus deinem Nachttraum oder Alptraum aufwachst, bist du bereit, dem Weg zu folgen, den dir die Seele weist. Im Wachbewusstsein wirst du neu in deine Seelenwirklichkeit geboren, aus der die Weisheit spricht. Du erwachst aus der Illusion in die wahre Wirklichkeit und erkennst dich als weise Schöpferin deiner Wirklichkeiten. Du nutzt nunmehr bewusst das Prinzip der Anziehung, um neue Wirklichkeiten zu erschaffen.

Camille: Womit wir zum Kern des Prinzips der Anziehung gelangen. Wie nutze ich dieses als bewusste Gestalterin meines Lebens.

Nichias: Ich wiederhole nochmals: Du hast es schon immer benutzt, doch unbewusst und mit einem Denken, das dem Trennungsbewusstsein deines Egos entsprungen ist.

Camille: Ja, ich verstehe mittlerweile, welch begrenzte Welt ich mir damit erschaffen habe. Ich sehe, wie die Menschen damit eine Welt der Furcht und Begierde, eine Welt der ungleichen Verteilung ihrer Reichtümer geschaffen haben und wie viel Leid damit erschaffen wurde. Eine Welt, in der es wenige Gewinner und viele Verlierer gibt. Ich bin mir auch bewusst, dass es keinen Sinn ergibt, dagegen anzukämpfen. Denn dadurch trete ich der Logik des Kampfes bei, auf der das Ego ja gerade basiert und nähre es mit meiner Energie. Ich erhalte dadurch jene Welt weiter am Leben. Es nützt auch nichts, ein Gebäude umzubauen, das auf einem Fundament der Illusion steht. Vielleicht geht es vielmehr darum, neue Wirklichkeit zu gestalten, als alte zu verändern. Auflösung des Alten ist die Lösung für das Neue! Erschaffen wir also das Neue! *(Sie blickt Nichias nachdenklich an.)* Doch wie tun wir das?

Nichias: Es gibt nichts zu tun!

Camille: *(blickt ihn verdutzt an)* Wie meinst du das?

Nichias: In Zukunft erschaffst du aus der Quelle deines Seins. Im Zustand des Seins begibst du dich in dein Seelenwesen und dies ist die Quelle deiner wahren Kreativität. Die Seele, unsterblich und unendlich, ist das universelle Wesen, das du wahrlich bist. Sie drückt sich über deinen Körper, ihr grobstoffliches Gefäß in der körperlichen Welt, aus. In deiner menschlichen Existenz drückt sie sich über dein Herz aus. Wie du weißt, spreche ich dabei nicht vom menschlichen Organ, sondern von der Dimension des Herzens. Jene ermöglicht dir, in deiner höchsten Liebesfrequenz im menschlichen Dasein zu leben. *Die wahre Inspiration findest du also im Sein deines Herzens. Erst wenn du aus dieser Quelle schöpfst, wirst du wirklich kreativ.* Ansonsten erschaffst du immer wieder Altes neu, aber nichts Neues. Daher beginnt der Erschaffungsprozess in deinem Herzen und dazu musst du erst einmal im Sein ankommen. Es gibt also vorerst nichts zu tun, sondern einfach zu sein.

Camille: Ich verstehe.

Nichias: War das Leben in der Ego-Realität bisweilen ein Leidensprozess, so enthüllt sich das wahre Leben vielmehr als ein Schöpfungsprozess, bei dem jede und jeder vollumfänglich aus seinem kreativen Potential heraus neue Wirklichkeiten erschafft.

Camille: Das klingt ermutigend und verspricht viel Freude.

Nichias: Wenn du kreativ wirkst, schaffst du Freude! Entspringt diese Kreativität deiner wahren Quelle, dem Herzen, so erschaffst du zudem immer Freudvolles. Kreierst du nicht mit Freude und gestaltest nichts Freudvolles, so weißt du mit Sicherheit, dass du aus dem Bewusstsein des Egos heraus erschaffen hast. Du bist dann dazu eingeladen, dich wieder im Sein deines Herzens zu verankern, damit du aus deiner wahren Quelle schöpfen kannst. Deine Herz-Wirklichkeit ist allumfassend. Sie ist Einheit, Wahrheit und Liebe. Schöpfst du aus dieser Quelle und aus diesem Bewusstsein heraus, so schaffst du ein wahrhaftiges Abbild der All-Wirklichkeit, wohingegen du mit deinem Ego-Bewusstsein ein fratzenhaftes Zerrbild gestaltest.

Camille: Wenn ich dich richtig verstehe, ist es allem voran wesentlich, aus welcher Quelle heraus ich erschaffe: aus dem Herzen oder aus dem Ego.

Nichias: Erschaffst du aus dem Herzen, so schöpfst du aus dem ganzheitlichen Allbewusstsein heraus. Aus der Einheit entsteht dann Vielheit im Einen. Das Einzelne ist dabei eingebunden in das Ganze. Schaffst du hingegen aus dem Trennungsbewusstsein des Egos heraus, so entsteht Einzelnes, das vom Ganzen getrennt ist. Die Wirklichkeit des Herzens wirkt einend, jene des Egos trennend und bewirkt eine Welt des Leidens, basierend auf Angst und Zweifel, auch wenn das Ego sie immer wieder mit kurzlebigen Ersatzbefriedigungen und Vergnügen zu übertünchen sucht.

Camille: Nun gut, für mich ist die Wahl klar. Ich habe mich für das Herz als Quelle meiner Kreativität entschieden. Wie geht's nun weiter?

Nichias: Als erstes schaffst du Gedanken, die Ausdruck deiner Inspiration sind. Das Mittel zur Inspiration ist die Intuition. In deiner Herzenergie hast du mittels deiner Intuition Zugang zum universellen Wissen, zum All-Bewusstsein. Deine Antennen sind dann, in wissenschaftlichen Bergriffen ausgedrückt, aufs Quantenfeld ausgerichtet und empfangen daraus Informationen und Informationskombinationen aufgrund dessen, was du mit deiner Absicht ausgesandt hast. Du bist dann Sender und Empfänger in einem.

Stell dir vor, du bist eine Dichterin und hast den Impuls, ein Gedicht über den Frieden zu schreiben. Deine Absicht ist, mit deiner Kreation »Frieden zu schaffen« und du richtest deine Aufmerksamkeit bewusst darauf aus. Du sendest diese Absicht ins Quantenfeld aus. Deine Absicht hat die Form einer Schwingungsfrequenz. Diese erzeugt im Quantenfeld unmittelbar eine Resonanz. Jene Resonanz nimmst du wiederum mittels deiner Intuition in

Form einer Inspiration wahr und übersetzt sie in klingende Worte, da du die Sprache als Ausdrucksmittel gewählt hast. Eine Künstlerin würde sie in einer bildnerischen Sprache, eine Erzieherin in einer gelebten Beziehungsqualität und eine Gärtnerin in einer speziellen Anordnung von Pflanzen zum Ausdruck bringen. Dies geschieht immer anhand der Talente, Qualitäten und Ausdrucksmittel, die einer Person zur Verfügung stehen.

Der Gedanke des Friedens, der dem Herzen entspringt, kann folglich Ausdrucksformen in unzähliger Vielfalt annehmen. Aus allen Formen der Schöpfung, dem Gedicht, dem Gemälde, der Beziehung oder der Anordnung von Pflanzen spricht in unterschiedlicher Weise die Energie des Friedens.

Camille: Deshalb sagen wir: »Energie folgt dem Gedanken«.

Nichias: Wie ich soeben erklärt habe, erzeugt ein Gedanke einen Energiefluss und erzeugt abermals eine Resonanz, aus der vielfältige Energieflüsse ausfließen können. Vergiss dabei nicht, dass ich alles so beschreibe, als ob es eine lineare Abfolge von Schwingungs-Ereignissen wäre. Dies tue ich nebenbei gesagt nur deshalb, weil die menschliche Sprache einer linearen Logik folgt. In Wirklichkeit geschieht alles simultan, losgelöst von einer zeitlichen Abfolge und von Verstandeslogik.

Camille: Jetzt wird's aber wieder abstrakt.

Nichias: Dein Verstand ist mit seinen Begrenzungen schnell überfordert. Dein Herz funktioniert mit einer universellen Logik.

Überdies solltest du, wenn du kreativ tätig bist, keineswegs auf die zeitliche Komponente achten. Diese ist, wie aus dem Gesagten hervorgeht, nicht relevant. Etwas kann unmittelbar eintreffen, in einem Monat oder in ein paar Jahren.

Camille: Von welchen Faktoren ist dies abhängig?

Nichias: Ich werde deine Frage später beantworten.

Der Schöpfungsprozess beginnt im kreativen Gedanken. Sobald dieser lebendig wird in Form einer Vorstellung, Ahnung oder Vision, gesellen sich automatisch eines oder mehrere Gefühle dazu. Zum Gedanken des Friedens gesellt sich zum Beispiel Gelassenheit oder Harmonie. Gedanke und Gefühl bilden ein unzertrennliches schöpferisches Paar, das gemeinsam zur Realisierung hin tanzt. Sie tanzen dabei gern im Rhythmus und in den Melodien der Freude und Begeisterung. Die Intensität ihres Tanzes hat einen beträchtlichen Einfluss auf die Realisierung. Die Kraft des Gedankens hängt von der Willensstärke ab. Je stärker der Wille und je klarer der Gedanke, desto effizienter ist deren Wirkung auf die Realisierung. Je stärker seine Tanzpartnerin, das Gefühl, sich ausdrückt, desto erfolgreicher tanzen sie der Verwirklichung entgegen. Selbstverständlich führen sie ihren wundervollen Tanz im Quantenfeld aus. Er bleibt den körperlichen Sinnen verborgen. Du nimmst ihn bloß mit deiner feinsinnlichen Wahrnehmung wahr. Nun ist es oft so, dass du diese noch zu wenig nutzt. Daher bist du noch zu wenig damit vertraut, dem feinstofflichen Geschehen mit Neugierde und Gelassenheit folgen zu können. Denn es ist unablässig, in vollem Vertrauen zu erschaffen. Zweifel und Ängste bilden das andere Tanzpaar, das rückwärts tanzt, während das inspirierte Tanzpaar vorwärts in das neu zu Erschaffende tanzt. *Zweifel und Ängste wirken wie eine Säure, welche die Kreativität verätzen.* Ähnlich wie zu viel Körpersäure deinen Organismus aus dem gesunden Gleichgewicht bringt oder gar erkranken lässt. *Eine gesunde Portion Vertrauen ist die beste Nahrung für den kreativen Prozess.* Letztlich handelt es sich immer um das Grundvertrauen ins Leben.

Fasse ich den ersten Teil des Schaffungsprozesses nochmals zusammen, so ergibt dies Folgendes: *Du sendest einen willensstarken, klaren und konstruktiven Gedanken gepaart mit einem ausdrucksstarken, positiven Gefühl und beflügelt von einem tiefen Vertrauen ins Quantenfeld aus. Dieser erzeugt dort dann eine möglichst deutliche Resonanz.*

Gibst du deinen Ängsten und Zweifeln das Zepter ab, so verlangsamst du den kreativen Prozess oder würgst ihn sogar gänzlich ab.

Camille: Mangelndes Selbstvertrauen, Ängste und Zweifel sind daher die wirkungsvollsten Kreativitätskiller. Kreativität setzt voraus, dass ich meine Talente, Qualitäten und Stärken gut kenne und diese gut umsetzen kann.

Nichias: Dein schöpferischer Gedanke darf nunmehr direkt dem Herzen entspringen. Denn damit dient er unabdingbar deinem eigenen Wohl und dem Gesamtwohl zugleich. Erschaffst du bisweilen noch aus deinem persönlichen Bewusstsein heraus, so prüfe, ob deine Schöpfung dir und dem Allgemeinwohl wahrlich zum Besten dient. Ansonsten läufst du Gefahr, dass du mit dem Erschaffenen Ungleichgewicht und Leid erschaffst.

Camille: Heißt dies, dass sich mit dem gleichen Gesetz ebenso Gutes wie Böses erschaffen lässt?

Nichias: Ein Gesetz IST jenseits von Gut und Böse. Es ist gewissermaßen neutral. Es IST und wirkt. Deine Anwendung des Gesetzes entscheidet über dessen Auswirkungen auf dich und die Welt. Deshalb habe ich immer wieder betont, dass es entscheidend ist, aus welchem Bewusstsein heraus du erschaffst. Das Herz IST im Bewusstsein der Einheit und berücksichtigt immer alle Faktoren. In deinem Sprachgebrauch heißt das, es schafft nur »Sieger«. Das Ego, das sich über deine Persönlichkeit ausdrückt, ist im Trennungsbewusstsein und schafft unvermeidbar »Sieger und Verlierer«. Vergiss dabei nicht, dass Gut und Böse vorerst zwei Polaritäten sind. Ich werde dies beim Prinzip der Polarität näher ausführen.

Camille: Wie geht's weiter, wenn ich mein Packet Gedanke-Gefühl an die Adresse Universum oder Quantenraum aufgegeben habe? Was ist zu tun?

Nichias: Wie du schon ahnst, gibt es vorerst nichts zu tun. Lebe einfach in einer empfangenden Seins-Haltung. Sei offen und wach in deinen Sinnen ohne Erwartung auf ein Ergebnis. Du weißt weder wie das zu Erschaffende zu dir kommt noch wann dies der Fall sein wird. Ist die oben erwähnte Dichterin erfahren im kreativen Prozess, mag die Inspiration in Form von schöpferischen Worten direkt zu ihr fließen und sie braucht sie nur aufzuschreiben. Die Inspiration kann aber auch zu einem anderen Zeitpunkt eintreffen, wenn sie überhaupt nicht mehr daran denkt. Beim Geschirrspülen oder mitten in der Nacht, wenn sie plötzlich aufwacht und spürt, dass nun der richtige Zeitpunkt zur Niederschrift gekommen ist.

Ein Philosoph hat vielleicht eine Frage ausgesandt. Die Antwort darauf kann alsbald auch bruchstückweise auf ihn zukommen, über ein Wort oder einen Satz, den er liest oder hört. Seine Intuition führt ihn vielleicht an einen Vortrag und er fragt sich zu Beginn womöglich, was er hier bloß zu tun hätte und er kann es sich verstandesmäßig nicht erklären. Dennoch sagt in ihm irgendetwas, du musst heute Abend hier an diesem Vortrag sein. Und erst, wenn ein bestimmter Satz erklingt und plötzlich den Impuls für die Antwort auf seine Frage liefert, weiß er, warum er gerade an jenem Abend in diesem Auditorium sitzt. Der Vortrag hat für ihn ansonsten vielleicht überhaupt keine Bedeutung. Das einzig Wichtige mochte sein, den Impuls für die Antwort auf seine Fragestellung zu erhalten.

Sei offen und voller Vertrauen, um zu empfangen, was sich dir anbietet. Es mögen sich dir Zeichen und Indizien offenbaren und du folgst ihnen intuitiv, auch wenn dein Verstand nichts versteht und dir bisweilen sagt, du wärst völlig übergeschnappt. Höre nicht auf ihn, denn es entgeht ihm, wohin die Intuition dich führt. Dein Herzgefühl leitet dich auf deinem kreativen Weg. Sie geleitet dich zu Personen oder Begebenheiten, die dich weiterführen, auch wenn du nicht weißt, wohin. Die Intuition gibt dir gewissermaßen immer nur den nächsten Schritt vor. Erst, wenn du ein Zeichen wahrnimmst, handelst du. Deine Aufgabe besteht also vorerst nur darin, das Zeichen wahrzunehmen. Alsbald folgst du dem Zeichen, indem du handelst. Die Dichterin erspürt vielleicht in einem gelesenen Satz oder während sie verträumt aus dem Zugfenster blickt den Titel des Gedichts und spürt in sich unvermittelt: »Ja genau, das ist es!«

Die Augenblicke und die Wege, die sich dir anbieten, entgehen deinem Verstand. Das ist der Grund, warum er misstrauisch zweifelt, wenn du intuitiv erspürst und handelst. Fazit: *Sei vertrauensvoll und wach. Lass, wenn nötig, die Erwartungen und den persönlichen Willen los. Empfange, erspüre, wenn sich dir Zeichen und Impulse anbieten. Folge ihrer Aufforderung und werde dementsprechend aktiv. Lass dich von der Intuition leiten und handle mit festem Willen, wenn du spürst: »Ja genau, das ist es!«*

Camille: Ich verstehe, es nützt nichts, mit verbohrtem, persönlichem Willen hinter etwas her zu rennen. Außerdem wirken Angst, Zweifel, Hast und Ungeduld als Hindernis bei der Verwirklichung.

Nichias: Die Intuition lenkt dich auf dem Weg der Verwirklichung deiner Kreation.

Camille: Du hast einmal erwähnt, dass wir dabei unsere Aufmerksamkeit nicht auf die Mittel richten sollten.

Nichias: Ja, genau. Denn die Mittel treffen zum richtigen Zeitpunkt wie von selbst ein.

Camille: Wie soll ich das verstehen?

Nichias: Richtest du die Aufmerksamkeit auf die Mittel, läufst du Gefahr, das Ziel aus den Augen zu verlieren oder das Mittel scheint dir unerreichbar zu sein. Nehmen wir einmal an, du möchtest mit einem kleinen Camper eine Reise durch ganz Europa machen. Du malst dir die Reise in den buntesten Farben aus und große Freude stellt sich dabei ein. Nun brauchst du dazu ein Fahrzeug und du entscheidest dich, wie gesagt, für einen kleinen Camper. Dieser ist dann das Mittel für deine Reise. Nun richtest du vielleicht deine ganze Aufmerksamkeit auf das Mittel und stellst fest, dass du weder das Geld für den Kauf noch für die Miete eines solchen Fahrzeuges hast. Demoralisiert stellst du vielleicht fest, dass deine Reise somit unmöglich wird. Das Mittel wird bald zum Hindernis. Bleibst du weiterhin auf das Mittel fixiert, lässt du vielleicht sogar resigniert deinen Traum mit der fadenscheinigen Begründung fallen: »War eben nur ein Traum.« Dein kreativer Prozess ist somit zum Scheitern verurteilt.

Camille: Das ist mir in der Tat schon ähnlich geschehen. Wie soll ich das vermeiden?

Nichias: So unglaubwürdig das für deinen Verstand klingt, du schenkst dem Mittel einfach keine Beachtung!

Camille (unglaubwürdig): Aber ohne Mittel geht es nicht.

Nichias: Damit bin ich einverstanden. *Du richtest deine gesamte Aufmerksamkeit auf das Ziel, lädst dieses mit möglichst viel positiver Gedanken- und Gefühlsenergie auf, malst es dir in allen möglichen Farben aus, bist mitten im Erlebten und das Mittel zur Verwirklichung deines Traums stellt sich ein.* Natürlich hat dein Verstand keine Ahnung, wie das geschehen soll. Doch kümmere dich einfach nicht darum. Denn mit seinen Zweifeln wird er deinem Vorhaben einen Knüppel zwischen die Beine werfen. Wie gesagt, du richtest deine ganze Aufmerksamkeit immer und immer wieder auf dein Ziel, das du in deiner Vorstellung schon verwirklicht hast und die Mittel dazu stellen sich »wie von allein« ein.

Camille: Ich verstehe und für den Verstand in seiner Mangellogik geschieht dann so etwas wie ein Wunder. Was nun, wenn mein Verstand nicht an Wunder glaubt? Wenn er sich bockig sträubt und in Zweifel und mangelndem Vertrauen verhaftet bleibt?

Nichias (schmunzelnd): Was tust du als Reiterin, wenn dein Pferd bockig ist und sich sträubt?

Camille: Ich beruhige es mit vertrauensvoller Liebe und gebe ihm klare und deutliche Weisungen, doch immer auf liebevolle Art. Denn ich liebe mein Pferd über alles.

Nichias: Dann nimm gegenüber deinem Verstand die gleiche Haltung ein: liebevoll und bestimmt. Dein Verstand dient dir im Alltagsleben wie ein Pferd, mit dem du dich an unterschiedliche Orte begibst und Dinge verrichtest. Doch als Reiterin bestimmst du immer, wohin du gehen willst und nicht dein Pferd. In liebevoller Einheit mit ihm führst du es weise, denn du kennst den Weg. Das Pferd würde blindlings von einer Weide zur nächsten irren und bisweilen glauben, die fette Grünwiese sei das Wesentliche im Leben.

Camille: Wenn ich deine Metapher richtig verstehe, so ist meine Seele die Reiterin und Verstand, Emotionen und Körper sind das Pferd.

Nichias: Als Seele bist du in der All-Weisheit und All-Wahrheit und gehst in Klarheit deines Weges. In liebender Einheit wirkst du durch dein Körperwesen und bist in der grobstofflichen Wirklichkeit als Mit-Schöpferin auf Erden tätig.

Mit Verlaub gehe ich noch kurz auf die Begrenzungen des Verstandes ein, der allzu oft deiner Kreativität die Zügel anlegt. Dein Denken ist ein wundervolles Instrument zum kreativen Erschaffen. Doch die Menschen haben es mit ihrem Verstand in einen Käfig gesperrt. Die Gedanken sind dann nur noch Ausdruck des Käfig-Wissens. Letzteres wird zu einem abgeschlossenen, abgetrennten und sich selbst genügenden System. Es ist unnötig zu erwähnen, dass die Kreativität dabei auf der Strecke bleibt, denn das Verstandesdenken produziert wie ein Automat immer die gleichen Gedanken, die einst in den Käfig oder eben in die Matrix eingespeist wurden. Er tut dies anhand immer wiederkehrender Glaubenssätze und festgefahrener Denkmuster.

Camille: Wenn ich das richtig verstehe, funktioniert mein Verstandesdenken dann ähnlich wie ein Computer. Jener führt nur die Programme aus, die auf der Festplatte gespeichert sind. Ich kann nur die Informationen und Prozesse abrufen, die bereits vorhanden sind.

Nichias: Dein Verstand funktioniert dann in der Tat vergleichbar mit einem Computer ohne Internetzugang. Überdies arbeitet er mit Programmen, die du, wie du weißt, in den ersten Jahren abgespeichert hast. Wenn du ihn später nicht ans Internet anschließt und Updates durchführst oder neue Programme herunterunterlädst, dann funktioniert er mit völlig veralteten Programmen oder eben mit überholten Denkmustern.

Camille: Und über das W-Lan holt sich der Computer im Internet die Inspiration und erneuert und erweitert somit seine Wirklichkeiten.

Nichias: Wie schon oft erwähnt, schaffst du dir mit deinen überholten Denkmustern immer die gleichen Wirklichkeiten. Daher ist es so wichtig, dir deiner wiederkehrenden Glaubenssätze bewusst zu werden, damit du sie umwandeln kannst. Lange hast du sogar mit negativen Gedanken und zahlreichen Ängsten leidbeladene Wirklichkeiten erschaffen. Dann besteht der erste Schritt der Umwandlung darin, deine negativen Glaubenssätze in positive zu transformieren. Das kennst du ja bereits seit geraumer Zeit und nennst es Positives Denken.

Camille: Kommt noch hinzu, dass mein Unterbewusstsein keine Negation kennt. Sage ich in meinen Gedanken: »Ich will nicht rauchen«, so gebe ich ihm die Information: »Ich will rauchen.«

Nichias: Ganz genau. Daher ist es wichtig, immer zu sagen, was du wirklich willst und nicht, was du nicht willst, sonst erschaffst du das Gegenteil von dem, was du eigentlich möchtest. Dies ist mittlerweile schon vielen Menschen bekannt. Wenn du alle deine negativen Glaubenssätze umgewandelt hast und nur noch sogenannte positive Wirklichkeiten erschaffst, bist du bereit für den nächsten Schritt.

Bisher hast du das Denken deinem Verstand überlassen, der von deinem Ego gespeist wurde. Anders gesagt, lieferte das Ego die Nahrung für dein Verstandesdenken. Wie du nunmehr weißt, ist die Matrix des Egos gespeist aus den Informationen, die du in den Kindesjahren von deiner äußeren Umgebung aufgenommen hast und die eine noch nicht erwachte Erwachsene noch immer aus der gesellschaftlichen Umgebung aufnimmt.

Das Neugeborene und Kleinkind lebt noch vorwiegend in seiner universellen Matrix in völliger Einheit, Reinheit, Unschuld und allumfassender Liebe. Die Ego-Matrix überlagert dann allmählich die Ur-Matrix beim Heranwachsen des Kindes, das sich aus Liebe, vor allem seinen Eltern gegenüber, der äußeren Matrix anpasst. Letztere besteht vor allem aus dem Trennungs-Bewusstsein, den gängigen gesellschaftlichen Normen und Glaubensmustern, den räumlich-zeitlichen Begrenzungen und der linearen Logik.

Camille: Die eine absolut männliche Logik ist. Eine weibliche wäre vielmehr rund, also kreisförmig.

Nichias: Wenn du nun deine neue Logik noch um eine Dimension erweiterst, kommst du der Wirklichkeit noch einen Schritt näher.

Camille (verwirrt, zögernd): Ähm, ich weiß nicht … ja, wie hast du sie schon wieder genannt …, ich hab's: eine Sphärenlogik! Das hört sich etwas metaphysisch an.

Nichias (vergnügt): Sie ist mit der Verstandeslogik nicht erfassbar. Wie ich später ausführen werde, musst du dein Denken vorerst neu ausrichten.

Lass mich auf das vorher Gesagte zurückkommen: Das heranwachsende Kind übernimmt die Informationen der Ego-Matrix unbewusst. Jene überlagert die Ur-Matrix allmählich, verdeckt sie scheinbar, bringt sie aber nie zum Verschwinden. Beide sind gleichzeitig, parallel vorhanden, auch wenn die Ur-Matrix dem schlafenden Menschen im Trennungsbewusstsein nicht mehr zugänglich scheint. Doch wie es jedem Schlafenden ergeht, so wacht er irgendwann mal auf und entdeckt im Lichte das scheinbar neue Bewusstsein, das in Wirklichkeit nie verschwunden war, wobei er sich auch dem vorangegangenen Schlaf-Bewusstsein klar wird. Er wird sich allmählich der Begrenzungen der Ego-Matrix bewusst und erwacht in das grenzenlose Bewusstsein der universellen Matrix, befreit von den Illusionen der Ego-Matrix.

Camille: Zu Beginn des Aufwachens hatte ich das Gefühl, als ob ich mit unzähligen Kostümen und Masken auf verschiedenen Bühnen des Lebens schlafwandeln würde. Seitdem werfe ich Masken und Kostüme, die ich irgendwann angenommen habe, allmählich ab. Ich werde mir immer deutlicher bewusst, mit wie vielen Schichten im äußeren Schein mein inneres Sein verdeckt war. Zudem putzte ich den Schein nach äußeren Schönheitsmerkmalen auf. Jetzt, wo ich die unechten Kostüme ablege, kann meine innere Schönheit umso deutlicher zum Ausdruck kommen.

Nichias: Du wachst aus dem Schlaf des Scheins in die Wachheit des Seins auf.

Camille (amüsiert): »Schein oder Sein, das war nun die Frage!« Es ist bloß eine Frage der Zeit, bis sich alle Menschen der Illusion des Scheins bewusst werden und ihre vermeintlichen Kostüme abwerfen. Der Schein hält mich klein, im Sein bin ich in meiner wahren Größe und alles ist möglich. *(Prickelnd)* Meine Wahl ist klar: Ich nehme die rote Pille, verlasse die graue Masse und begebe mich auf die Seite von Morpheus.

Nichias: Das hast du längst getan. Du bist wieder in der Reinheit und Liebe deiner UR-Matrix angekommen, die du nie verlassen hast.

Camille: Ja natürlich, das spüre ich auch so. Als ich aus dem Schlaf der grauen Massenmenschen aufgewacht bin, stellte ich erschrocken fest, wie viele Menschen als Schlafwandler in der Welt herumirrten und sich wie Automaten in den immer gleichen Gedankenmustern und Ängsten bewegten und auf der Stelle traten. Mir wurde klar, dass sie Opfer der Formatierungen ihrer Ego-Matrix waren und dass eine Vielzahl von Menschen in den

Programmen und Beschränkungen ihres Trennungsbewusstseins gefangen waren. Obwohl ich dies mit scharfer Deutlichkeit wahrnahm, hatte ich zu Beginn große Mühe, mich daraus zu befreien. Ich fühlte mich vorerst einsamer als je zuvor. Denn ich war so allein als Aufgewachte unter zahlreichen Schläfern. Ich fühlte mich wie in einer Welt von Phantomen. Zugleich machte ich Erfahrungen, bei denen ich immer mehr in mir selbst ankam und außergewöhnliche Augenblicke der Liebe und Freude erleben durfte. Zuerst mit mir selber und mit der Mutter Natur. Ich öffnete mich allmählich einer Welt, die ich als viel wahrer erlebte als alles, was ich bis anhin gekannt hatte. Zu Beginn war es einfacher, diese Augenblicke in meditativem oder kontemplativem Seinszustand zu erleben. Mein Bewusstsein war dann klar wie nie zuvor, meine Gefühle in einer Reinheit und Intensität, wie ich es mir nicht einmal hätte erträumen können. Ich wusste, dass ich keineswegs dabei war, von einer unerträglich gewordenen Welt in eine parallele Welt zu flüchten, sondern dass ich in einer um Vieles wahreren Welt ankam. Ich fühlte mich eins mit mir, eins mit der Natur doch nicht mehr eins mit der Welt der Schlafwandler, die als Sklaven in ihrer formatierten Welt des Verstandesdenkens darbten und unter ihren Leidgefühlen litten. Ich beobachtete sie in meiner erwachten Klarsicht, ohne darüber zu urteilen und fühlte mich oft allein. Es begann eine kritische Zeit, in der ich eine Art Jo-Jo-

Dasein führte. Ich lebte eine Zeitlang wie in zwei Lebensszenarien. Das neu entdeckte, bei dem ich immer mehr in mir, in meinem Herzen ankam und das andere Szenario, aus dem ich aufgewacht war, das aber nicht nur in den anderen, die mich umgaben, weiterlebte, sondern auch noch in mir vorhanden war. Ich spürte, dass ich zum einen immer natürlicher und zum anderen immer weniger normal wurde. In der Gesellschaft, die mich umgab, galt das schlafwandelnde Sklavendasein als normal und je mehr ich mich davon entfernte, desto weniger normal wurde ich für die anderen und desto natürlicher wurde ich für mich, da ich intuitiv ahnte, dass ich im Begriff war, in mein wahres Wesen zurückzufinden. Ich selbst traf die Wahl, fortan in meinem Herz-Szenario zu leben und schaffte es auch immer wieder, in diesem zu leben. Dennoch fiel ich gewissermaßen immer wieder aus diesem heraus und stürzte in das Ego-Szenario, vor allem im Umgang mit meiner Umgebung, in der ich ja irgendwie weiterleben musste.

Nichias: Beide Szenarien lebten simultan in dir weiter und in Wirklichkeit spiegelten dir die anderen in der Außenwelt bloß deine eigenen noch vorhandenen Ego-Szenarien, die aufgelöst werden wollten.

Camille: Ja, natürlich. Das war ja die eigentliche Herausforderung. Mein Partner war mir ein besonders herausfordernder Spiegel. Er verkörperte den aufgebrachten Schlafwandler besonders gut und überschüttete mich mit Vorwürfen und Argumenten der Verstandeswelt, mit der ich immer weniger am Hut hatte. Er schaffte es erfolgreich, mich an meinen wunden Punkten zu treffen und alsbald war ich ihm dafür dankbar. Denn irgendwann trat ich einen Schritt zurück und kümmerte mich nicht mehr um das, was er vorbrachte und schließlich ihm gehörte, sondern um das, was in mir anklang. Ich nahm es zusehends in Selbstliebe an, um es darauf aufzulösen. Das war ein ebenso intensiver wie befreiender Prozess.

Nichias: Deine Erkenntnis, dass die Vorwürfe und Anschuldigungen deines Partners in Wirklichkeit bloß die Projektionen seiner inneren Erlebnisse auf dich sind und dass du dich auf das zu konzentrieren begannst, was in dir anklang, ist ein wesentlicher Schritt auf dem Weg der Heilung und Befreiung. Es ermöglicht dir, aus dem Teufelskreis, bei dem beide aus ihren Verletzungen heraus reagieren und kommunizieren, auszusteigen und in den positiven Kreislauf einzutreten.

Camille: Dieser Umwandlungsprozess hat so lange gedauert, bis gewisse Themen, bei denen ich bis anhin heftig reagiert hatte, allmählich abklangen und Friede und Stille an deren Stelle traten. Ich fühlte mich dann unheimlich erleichtert und befreit. Ich muss aber schon sagen, dass mir dieser Befreiungsprozess einiges an Durchhaltevermögen abverlangte. Ich schaffte es dann, immer länger im Herz-Szenario zu verweilen.

Nichias: Du bist dir irgendwann bewusst geworden, dass du frei bist, von einem Szenario zum anderen zu »springen«. Und von dem Augenblick an, wo du dich bewusst für das Herzszenario entschieden hattest, konntest du jederzeit wieder dorthin »zurückkehren«, wenn du es, aus welchen Gründen auch immer, verlassen hattest. Seither nimmst du deine Wahlfreiheit gänzlich wahr und lebst als freie und aktive Gestalterin deines Lebens. Du kannst nunmehr aus dem Lebensrad des Karmas heraustreten und in das Frei-Sein übergehen.

Camille: Ich bin bei diesem Wandlungsprozess immer freier und glücklicher geworden. Dennoch gab es einen Wermutstropfen. Meine Partnerschaft ist dabei auseinandergebrochen. Mein Partner hat meines Erachtens unbewusst entschieden, in seinem schlafenden Bewusstsein zu verharren. Ich habe auf unterschiedlichen Wegen versucht, ihn zu wecken, musste aber dereinst entmutigt akzeptieren, dass der Weckruf in der Leere verhallte. Es war seine freie Wahl und diese musste ich akzeptieren. Ich konnte sie alsbald in Liebe annehmen, auch wenn es zugleich schmerzte.

Nichias: Du hast dabei weise gehandelt und durftest auch hier das Prinzip der Anziehung erfahren. Du hast während dieses Prozesses deine Schwingungsfrequenz beträchtlich erhöht. Deine Schwingung fand alsbald bei deinem Partner keine Resonanz mehr und umgekehrt. Es war, als hättet ihr euch voneinander entfremdet. Du hast mit deiner neuen Schwingungsfrequenz eine neue Resonanz im Quantenfeld erzeugt und folglich andere Menschen angezogen, gewisse Menschen dadurch aber auch von dir abgestoßen. Daher nennen wir das Prinzip gelegentlich auch das Gesetz der Anziehung und der Abstoßung. Die Abstoßung fand in deinem Fall deshalb statt, weil ihr keine Entsprechung in der Schwingungsfrequenz mehr hattet. Es ist eine logische Konsequenz des Gesetzes. Das heißt natürlich nicht, dass ich deinen Schmerz nicht mit Mitgefühl in meinem Herzen aufnehme *(Stille)*.

Wir nennen das Gesetz der Anziehung bisweilen auch das Gesetz der Resonanz. Denn wie du jederzeit erleben kannst, sendest du mit deinen Gedanken, verstärkt durch deine Gefühle, eine Schwingungsfrequenz aus und erzeugst dadurch immer eine Resonanz. Diese kommt wie eine Art von Bumerang wieder zu dir zurück. In Wirklichkeit geschieht das, wie ich bereits erwähnt habe, »zeitgleich«. Wenn du diese Resonanz zeitverschoben wahrnimmst, so rührt das daher, dass eine zu hohe Dichte beziehungsweise innere Blockaden wie Ängste und Zweifel, diesen Prozess verzögern oder momentan aufhalten können.

Als dir dein ehemaliger Partner damals als äußerer Spiegel diente, hatte er in dir nichts anderes als eine Resonanz erzeugt. Es war eine Resonanz in Bezug auf deine Verletzungen und daher eine Einladung, diese aufzulösen und dich damit aus deinen Begrenzungen zu lösen. Ihr tatet dies in Wirklichkeit aus Liebe, auch wenn ihr euch deswegen immer wieder verurteilt habt. Wahrlich haben euren Seelen befunden, dass es die beste Möglichkeit wäre, eure Begrenzungen aufzulösen und alles, was zuvor abgespalten war, wieder in eure Wesen zu integrieren. Dabei durften sich alle Trennungen in der Einheit auflösen und sich alle durch die Trennung entstandenen Konflikte und Spannungen entladen, was einen tiefen, inneren Frieden hervorrief.

Camille: Ja genau, in diesen inneren Frieden zurückzufinden, ist so unheimlich wohltuend. Es war für mich wie das Tor, um in meine wahre Kraft zu finden.

Nichias: Der Heilungs- und Befreiungsprozess, den du durchlaufen hast, war die Vorbereitung dafür, dass du nun mit dem Prinzip der Anziehung bewusst neue Wirklichkeiten erschaffen kannst. Bis anhin hast du unbewusst mit dem Verstandesdenken, das dem Ego diente, in einem Trennungsbewusstsein und mit der Angst als treue Begleiterin Leid und Mangel erschaffen.

Nun darfst du aus deinem Herzen schöpfen. Mit Herz-Gedanken wirst du fortan deine Wirklichkeiten erschaffen.

Camille (begeistert): Heißt das, wir denken in Zukunft mit dem Herzen?

Nichias: Ja, genau.

Camille: Schon der Gedanke daran beglückt mich, auch wenn es noch ein bisschen befremdend klingt.

Nichias: Haben die Menschen mit dem Ego eine Welt kreiert, in der Machtmissbrauch und Leid den Ton angegeben haben, so dürfen die Menschen nun mit dem Herzen eine Welt der Liebe und Freude erschaffen. Wie du nun weißt, ist dies nichts Utopisches, sondern bloß die Aktivierung deines wahren Wesens.

Camille (keck): Das Paradies auf Erden!

Nichias: Das Paradies ist nie verloren gegangen. Es ist in dir, in deinem Herzen. Es ist nur vorübergehend durch das Ego überschattet worden. Jetzt, wo das Licht deiner Seele wieder frei leuchtet, werden alle Schatten ausgelichtet und alle Leichen erbleichen, die noch im Keller darben. Wenn du bisher kreativ tätig warst, und das bist du jederzeit, so hast *du* etwas erschaffen. Künftig lade ich dich dazu ein, aus einer inneren Haltung heraus zu kreieren, bei der es *durch dich hindurch* erschafft. Damit tritt das Ego als Schöpfer von der Bühne ab und überlässt den Platz deinem SELBST. Du nennst jenes bisweilen deine Seele, deine innere Führung oder dein Höheres Selbst. Wie auch immer, du übergibst das Zepter der Kreativität deiner universellen Instanz, die immer aus einem ganzheitlichen Bewusstsein und der Einheit heraus durch dich wirkt. Dies ist der erste wesentliche Schritt: nicht *du* wirkst, sondern du lässt *durch dich wirken*. »Im Anfang war das Wort ...«, doch wer hat dabei das Wort? Du allein entscheidest, wem du beim Kreieren das Wort gibst: dem Ego oder dem Herz, beziehungsweise dem Höheren Selbst, das durch dein Herz spricht. Dem Wort geht der schöpferische Gedanke voraus. Daher versteht sich von selbst, dass der Verstand dem SELBST das Denken überlässt und du fortan mit dem Herzen denkst und so deine Gedanken lenkst. Lass durch dich wirken und das ist bereits ein großer Schritt in deine wahre Kreativität. In einer späteren Phase wirkt dann das SELBST in seiner kosmischen Dimension durch das irdische Körperkleid, durch das es in den grobstofflichen Sphären wirkt. Dann bist du in der Identität des kosmischen Menschen angekommen.

Camille: Jetzt wird's wieder komplex.

Nichias: Oder endlich wieder einfach. Denn nunmehr ist das Leben auf Erden wieder in seinem natürlichen Fluss. Doch lass uns mit dem ersten Schritt anfangen. Du lässt also durch dich fließen und das Leben aus deinem Herzen ausgießen: Das Herz denkt und lenkt. Es ist die wundersame Schöpferin deiner Lebensformen.

Ich lade dich nun ein, eine Schöpfung aus deinem Herzen zu verwirklichen. Ich begleite dich gerne dabei.

Camille: Ja, da bin ich mit Freude dabei.

Nichias: Gut, dann schließe einen Augenblick deine Augen. Atme tief und ruhig ein und aus. Lass deine Ängste, Zweifel und Sorgen los und sorge dich einfach nicht mehr um sie, während du dich allmählich in deine Herz-Realität begibst. Atme Liebe ein und Liebe aus. Atme Liebe ein und Freude aus. Spüre, wie du in die Liebe und Wahrheit deines Herz-Raums eintrittst ... wie reine Lebensfreude in deinen Lebensadern pulsiert. Du kommst zusehends in der Leichtigkeit des Seins an, spürst immer tiefer die Reinheit, die in deinem Herzen schwingt. Ihre Sanftheit streichelt dein ganzes Wesen und du kannst dich in vollem Vertrauen in die treuen Arme deines Herzens fallen lassen und die letzten Anspannungen loslassen, damit du gänzlich im Fluss des Lebens getragen wirst. Du bist nunmehr in deinem Herzen, das in allumfassender Liebe schwingt und in leuchtenden Freudentönen erklingt. Du spürst die Ruhe, in der du in der Stille die Stimme des Herzens vernimmst. Ihre Worte sprechen in dir und durch dich. Du spürst und ahnst sie. All deine Gedanken, Worte, Gefühle und Empfindungen sind fortan Ausdruck deines Herzens, du spürst ihre Gegenwart tief in deinem ewig-unendlichen Herz-Raum. Du sprichst deine Fragen in diesem Herz-Raum aus und empfängst die Antworten aus diesem, jetzt oder zu einem späteren Zeitpunkt. Das Herz weiß allzeit, wann es dazu Zeit ist. Du darfst in vollem Vertrauen geschehen lassen, denn das Herz will immer nur das Beste für dich und alles, was ist. So spreche nun in deinem Herzen die Frage aus: Was möchte ich jetzt in meinem Leben erschaffen. Sowie du es spürst oder hörst, sprich es aus.

Camille (sanft und leise): Ich möchte eine Partnerschaft leben, die mich erfüllt.

Nichias: Sehr schön. Dann erspüre jetzt intuitiv, was für dich in einer Partnerschaft wichtig ist und was du in dieser folglich leben möchtest. Lass dich einfach inspirieren und sprich mit deinem Herzen.

Camille: Ich spüre die Präsenz einer starken weiblichen Energie, die sich entfalten möchte. Ich bin mir im Moment nicht sicher, ob diese von mir ausgeht oder von einem Partner oder gar von einer Partnerin. Es ist eigenartig, ich hatte bisher nie an eine Partnerin gedacht, doch von der Energie her scheint mir das auf einmal möglich.

Nichias: Lass es einfach offen. Was für dich stimmig ist, wird sich einstellen. Sei einfach offen in deinem Geist und empfange in deinem Herzen. Was ist für dich sonst noch wichtig?

Camille (tief in sich versunken): Liebe … Sanftheit und Feinfühligkeit … Wohlwollen, die den anderen so annimmt, wie er oder sie ist. Ich spüre eine Beziehung, in der sich zwei Wesen in einer immerwährenden Bewegung aufeinander zu begeben, um sich in der Einheit zu finden … die Sexualität wird dabei als ein heiliger Akt gelebt, bei dem sich die zwei Wesen auf allen Ebenen vereinen … von den Herzen bis hin zu den Körpern … das ist wunderschön und kreativ … die Partner stimulieren sich gegenseitig in ihrer Kreativität und Entwicklung … immer in der Freiheit, die zu sein, die sie wahrlich sind … Wohlwollen und gegenseitiges Verständnis, wenn auf dem gemeinsamen Weg Hindernisse auftreten … gegenseitige Hilfe … Lebensfreude und Leichtigkeit, bei der auch der Humor immer wieder mal neckt und lächelt … ja, Ehrlichkeit und Echtheit sind auch klar präsent … Klarheit und Offenheit im Geist … eine Beziehung, bei der wir auf möglichst vielen Ebenen austauschen können … wir ergänzen uns und haben auch wesentliche gemeinsame Interessen … wir haben beide die Wahl getroffen, im Herzen zu leben und mit dem Herzen das Leben zu gestalten, das ist wesentlich, heißt aber nicht, dass wir das immer schaffen, wichtig ist, dass wir uns beide auf dem Herzensweg bewegen … wir tanzen im Klang der Harmonie und singen im Einklang der Freude *(langanhaltende Stille)*.

Nichias: Wunderbar! Du hast spontan formuliert, was du leben möchtest und nicht, was du nicht leben möchtest. Denn damit hättest du erschaffen, was du dir nicht wünschst. Deine Aussagen sind klar und positiv und die Energie ist stimmig.

Camille: Ja, schon. Aber ist es nicht einfach eine Utopie? Zu schön, um wahr zu sein, wie der Volksmund sagt.

Nichias: Der Verstand im Dienste deines Egos bewertet deine visionäre Ahnung als unrealistische Utopie. Das ist logisch, denn sie ist ihm unerreichbar. Das Ego kennt nur die Dualität mit seinen zahlreichen Ausformungen von Konflikten, Leid und Schmerz. Für das Herz beschreibst du eine Wirklichkeit, die ihm selbstverständlich ist. Es kennt nichts anderes als Freude, Liebe und Vollkommenheit in all seinen möglichen Variationen, wie du sie soeben in deiner Vorstellung evoziert hast.

Camille: Ich habe einmal gehört: »Sobald du dir etwas vorstellen kannst, ist es Wirklichkeit.«

Nichias: Das ist in der Tat so. Die Vorstellung ist ein wichtiges Mittel beim kreativen Prozess.

Du hast dich mittels der Intuition von deinem Herzen inspirieren lassen, hast eine Vision oder Ahnung empfangen und darfst sie dir nun in deinem Denken mit Hilfe der Vorstellungskraft in den buntesten Farben ausmalen.

Bevor wir dies aber tun, wollen wir noch klären, ob es allfällige Hindernisse bei der Verwirklichung deiner Inspiration gibt. Horche dazu noch einmal in dich hinein.

Camille (vorerst schweigend): »Es kann nicht sein. Das ist unmöglich oder das sind bloß deine Fantasien«, höre ich Stimmen, die in meinem Kopf sprechen.

Nichias: Sehr schön. Das sind typische Glaubenssätze, die deine Kreativität begrenzen und behindern. Sie stammen, wie die meisten deiner Glaubensmuster, aus den Kindesjahren. Geh doch noch einmal in dich hinein und spüre, welche Modelle von Partnerschaften das kleine Kind in seiner Umgebung beobachten und erfühlen konnte und welche unbewussten Schlussfolgerungen es dabei gemacht hat.

Camille (nach einer Weile der Stille): Ich sehe da vorerst meine Eltern. Zum einen spüre ich, dass eine Basis von Liebe da ist und zum anderen, dass es aber irgendwie unmöglich ist, diese zu leben ... vieles ist unausgesprochen. Ja, da ist immer wieder Schmerz und Leid, das nicht gehört wird. Ich spüre bei beiden tiefe Verletzungen. In den regelmäßigen Konflikten sprechen hauptsächlich die Verletzungen. Sie nehmen oft die Form von Vorwürfen und Rechtfertigungen an ... letztlich eine verzweifelte Suche nach Verständnis und Liebe, doch alle Versuche sind zum Scheitern verurteilt, *(tief seufzend)* Liebe zu leben ist einfach unmöglich. *(Nach einer Weile)* Ich sehe, ich habe das im Außen beobachtete und mit-gefühlte verinnerlicht und verallgemeinert. Es ist zu meiner unbewussten Überzeugung geworden: Eine Partnerschaft in Liebe und Freude scheint einfach unmöglich!

Nichias: Sehr schön. Nun bist du dir bewusst geworden, dass es sich hierbei um die Partnerschaft deiner Eltern handelt. Du bist dir im Klaren, dass sie ihnen gehört und nicht dir. Du hast dich unbewusst damit identifiziert, dich vielleicht in der Rolle der Mutter oder des Vaters oder vielleicht auch zwischen ihnen mit-erlebt. Du bist dir nun bewusst, dass nicht *du* das bist und dass du dieses Erlebnis an deine Eltern »zurückgeben« darfst. Sie haben ihre Beziehung so gelebt, wie sie es konnten und wie es für sie richtig war. Ich lade dich ein, indem du dreimal tief ausatmest, das in dir gespeicherte Partnerschaftsprogramm loszulassen, es an deine Eltern zurückzugeben, es definitiv abzugeben … alle späteren Erfahrungen, die von dieser Programmierung beeinflusst worden sind, können sich jetzt vollständig wandeln. Das Loslassen und die Umwandlung ermöglichen dir, in deinen partnerschaftlichen Beziehungen in die Freiheit zu kommen. Die Freiheit, diese so zu gestalten, wie es *für dich* stimmig ist. *Du allein* bist fortan die Schöpferin deiner Beziehungen. Alle Begrenzungen und Programmierungen sind nun für immer aufgelöst und du bist in der völligen Freiheit, in Vertrauen und mit Mut eine Liebesbeziehung zu gestalten, die in Freude und Leichtigkeit schwingt.

Camille (nach langanhaltender Stille tief aufatmend): Ich fühle mich erleichtert. Ich brauche in der Tat nicht zu leben, was mir nicht gehört und auch keine Last zu tragen, die nicht die meine ist. Für das schweigsame Leiden meiner Mutter, das kein Gehör und Verständnis fand, kann ich Mitgefühl haben. Das kleine Mädchen in mir braucht sich fortan nicht mehr unbewusst damit zu identifizieren.

Nichias: Du kannst nun in die Selbstliebe gehen und aus dieser heraus eine neue Partnerschaft auf einem neuen Fundament kreativ gestalten.

Camille: Mein Partnerschaftsprogramm neu programmieren.

Nichias: Gestalte aus dem Bewusstsein der Liebe und Fülle und nicht mehr aus dem Mangelbewusstsein heraus. Wenn letzteres am Werk ist, versuchst du deinen Mangel an Liebe im Außen durch die anderen zu kompensieren. Du machst dich dadurch abhängig und wirst unfrei. Wenn du aber selber in der Liebe bist, dann bietest du diese den anderen als Genschenk an. Ihr teilt dann die Liebe in gegenseitiger Freiheit.

Camille: Im Mangel bin ich abhängig, in der Fülle bin ich frei!

Nichias: Losgelöst von hemmenden Programmen, kannst du fortan frei kreieren, was dein Herz zu erschaffen wünscht. Bist du bereit für den nächsten Schritt oder gibt es noch andere Hindernisse?

Camille: Nein, ich spüre keine anderen Widerstände. Ich bin bereit.

Nichias: Kümmere dich im weiteren Verlauf weder um das Wann noch um das Wie! Ja, ich höre die Proteste deines Verstandes. Er will unbedingt wissen, wie etwas umzusetzen ist und fokussiert auf die Mittel, doch er irrt. Die Mittel werden sich zum richtigen Zeitpunkt einstellen. Deine Aufgabe besteht einzig darin, deine ganze Aufmerksamkeit gezielt auf das zu richten, was du erschaffen möchtest, also auf das *Was*. Außerdem will der Ego-Verstand unbedingt die zeitliche Dimension hoch in Ehren halten, doch auch das ist eine Illusion. Mittel und Zeit erweisen sich als hervorragende Hindernisse, wenn du ihnen ungebührend Beachtung schenkst. Also wirf sie einfach wie unnötigen Ballast über Bord.

Camille: Das ist einfach gesagt. Wir sind derart auf sie programmiert worden, dass es uns nicht leicht fällt.

Nichias: Aber es ist unerlässlich, ansonsten verleihst du ihnen eine hinderliche Kraft.

Für die weiteren Schritte sind ein ausgeprägter Wille, völliges Vertrauen und gezielte Aufmerksamkeit von höchstem Nutzen. Die Vorstellungskraft spielt ebenfalls eine übergeordnete Rolle. Nicht selten schweift jene ziellos umher und ist damit wenig produktiv. Du verzettelst dich und wirst vom Wesentlichen, das du erschaffen willst, abgelenkt. Es ist daher von besonderer Wichtigkeit, die Vorstellungskraft zu zentrieren und sie gezielt auszurichten. Dann wird sie zu einer höchst kreativen Kraft. Berücksichtigst du all das, so kann das Prinzip der Anziehung zu seinem vollen Wirken kommen und im Dienste deiner Kreativität stehen.

Camille: Ich fühle mich leicht und gelassen.

Nichias: Sehr schön. Dann schließe nun abermals die Augen, atme tief und ruhig. Sei dir deiner Atmung voll bewusst. Atme noch die letzten Reste aus, die keine Daseinsberechtigung mehr haben und atme alle nötigen Ressourcen ein, die dir beim Kreieren hilfreich sind: Mut, Vertrauen, Geduld und Durchhaltevermögen. Sie atmen jetzt allzeit durch dich hindurch. Atme Mut ein und Vertrauen aus. Atme Vertrauen ein und Mut aus. Du nutzt nun bewusst deinen Willen und dein Denken, um das zu erschaffen, was du wirklich leben willst wie die Partnerschaft, in der du eine glückliche Liebesbeziehung lebst. Du darfst nun ganz und gar in deine Herzenergie eintreten. Sie wirkt in völliger Zentriertheit, in der Einheit deines Wesens, um in deinem Leben das Bestmögliche für dich zu erschaffen. Gleichzeitig dient dieses zum Wohle von Allem-Was-Ist. Ich lade dich nun ein mit deinem inneren Auge und mit Hilfe deiner Vorstellungskraft, das zu Erschaffende möglichst lebendig vorzustellen ... und zwar tust du dies so, als ob es bereits in seiner Ganzheit und in voller Lebendigkeit verwirklicht wäre. Stell dir nun deine Partnerschaft lebendig vor. Du lebst die Liebe, Sanftheit, Feinfühligkeit und Wohlwollen in vollen Zügen. Ja, du lebst mit deinem Partner oder deiner Partnerin, alles was dich erfüllt wie Freiheit, gemeinsame Kreativität und Lebensfreude. Du lebst diese Beziehung in voller Intensität und darfst nun spüren, welche Gefühle dabei entstehen können und wenn du sie fühlst, kannst du sie mitteilen ...

Camille: Ich fühle tiefen Frieden ... prickelnde Freude ... gegenseitige Inspiration und Stimulation ... allumfassende Liebe oder ganz einfach gesagt: »Ich fühle mich glücklich.«

Nichias: Wunderbar. Du lebst nun diese Beziehung in ihren vollen Zügen, lebst zudem die Sexualität als heiligen Akt, bei dem sich Herz und Körper vereinen und eure beiden Wesen in einer Einheit verschmelzen ... ihr nehmt euch gegenseitig so an wie ihr seid und all das ist völlig lebendig und bereits verwirklicht und du nimmst es in aller Intensität wahr, siehst, hörst und spürst alles, was ihr lebt in vollem Bewusstsein. Du kannst jetzt die Intensität des Erlebten verdoppeln und spüren wie das Glück, das du erlebst, unendlich ist und wie ihr in Ehrlichkeit und Wahrhaftigkeit lebt und die Lebensfreude sprudelt ... ja, dies ist alles gelebte Wirklichkeit, die wahrlich grenzenlos ist. Klarheit und Offenheit sind jederzeit präsent, auch wenn ihr noch allfällige Hindernisse, die euch begegnen, befreien dürft. In Vertrauen spiegelt ihr sie euch und unterstützt euch gegenseitig, um sie mit Wohlwollen aufzulösen. Du kannst jetzt all das Erlebte nochmals in seiner Intensität verdoppeln und in aller Klarheit empfangen und wahrnehmen, was du siehst, hörst und spürst … du erlebst die Gefühle, die schwingen und klingen, in ihrer ganzen Tiefe … Ja, ihr tanzt in Gleichklang und Einklang im Rhythmus der Harmonie und Freude … lass all das wahrlich Erlebte und bereits Verwirklichte in dir nachklingen und im Resonanzfeld schwingen, solange es dies möchte … *(langanhaltende Ruhe)*.

Nichias: Nun kannst du allmählich wieder in dein Alltagsbewusstsein zurückkehren, vielleicht hast du das Bedürfnis, deine Finger, Hände, vielleicht die Füße zu rühren oder dich zu recken … Du kannst nun in das Hier und Jetzt zurückkommen, während das soeben Erlebte in dir weiter lebendig webt und wirkt. Du kannst auch die Augen wieder öffnen und bist herzlich Willkommen in der Wirklichkeit deines Herzens, deiner Schöpferin konkreter Wirklichkeiten in deiner Alltagsrealität.

Camille: Ich fühle mich glücklich und in tiefem Frieden. Der Zustand ist unbeschreiblich mit Worten, irgendwie wie zwischen dem Nichts und Alles zugleich, vielleicht wie eine Art Glückseligkeit. Vielen Dank!

Nichias (großes Lächeln): Das freut mich auch zutiefst.

Camille: Für das Herz in seiner Fülle vollzieht sich bloß das Prinzip der Anziehung.

Nichias: Bitte und es wird dir gegeben! Was du erlaubst, darf auch geschehen.

Das Prinzip der Entsprechung

Wie oben so unten, wie unten so oben

Camille: Ich muss ehrlich sagen, dass mir dieses Prinzip gänzlich schleierhaft ist.

Nichias: Das Prinzip der Entsprechung ist in der Tat noch nicht im Bewusstsein vieler Menschen verankert, obwohl es ein wichtiges kosmisches Gesetz ist. Wie du womöglich schon ahnst, gäbe es viel darüber zu sagen, doch wir wollen uns auf ein paar Grundlagen beschränken, um allgemein verständlich zu bleiben.

Als erstes solltest du dir bewusst werden, dass es im All-Universum unterschiedliche Existenzebenen gibt. Theoretisch gibt es unzählige, doch der Einfachheit halber, möchte ich hier einmal drei Ebenen unterscheiden: die physische Ebene, die geistige Ebene und die rein geistige Ebene, die bisweilen auch die spirituelle Ebene genannt wird.

Camille: Erlaube mir bitte eine kurze Frage, bevor du die Ausführungen zu den verschiedenen Ebenen beginnst. Was verstehst du unter »Ebene«?

Nichias: Wie ich schon an anderen Stellen gesagt habe, schwingt alles Lebendige in einem bestimmten Frequenz-Bereich. *Eine Ebene ist* ein Zustand, der messbare Grad einer Dimension oder, wie gesagt, *der Bereich einer Schwingungsfrequenz.* Stell dir eine gigantische Frequenzleiter vor, die alle Schwingungsfrequenzen des Universums umfasst. Denn in Wirklichkeit ist alles Schwingung, wie du beizeiten beim nächsten Prinzip erfahren wirst. Folglich können wir verschiedene Grade unterscheiden. Je höher die Schwingungsfrequenz, desto höher die Ebene.

Camille: Wenn ich richtig verstehe, bedeutet höher nicht besser. Ich meine damit, dass eine höhere oder niedere Schwingung nicht gleichzusetzen ist mit besser oder schlechter.

Nichias: Du tust gut daran, das zu erwähnen. *Das Universum bewertet nichts, denn alles IST.* Nur der menschliche Verstand bewertet die Dinge als besser oder schlechter. In Wirklichkeit gibt es nichts, das besser oder schlechter ist. Das Wesentliche liegt darin, zu verstehen, dass die jeweilige Schwingungs-Frequenz der Erscheinungsform ihre Eigenschaften verleiht. Bevor ich nun zur kurzen Beschreibung der Ebenen übergehe, möchte ich kurz noch etwas zum Begriff »Materie« sagen: *»Materie ist eine Form von Energie, und zwar eine Energie mit niedriger Schwingungs-Frequenz.«*

Camille: Oder wie du bereits gesagt hast: »Materie ist nichts anderes als der Geist in dessen niedrigem Schwingungsbereich.« Geist und Materie sind Energie, die in unterschiedlicher, hoher bzw. niedriger Frequenz schwingt.

Nichias: Genau. Ich unterscheide nun mal drei grundsätzliche Ebenen. Dabei klettern wir in der folgenden Beschreibung auf der Frequenzleiter von unten nach oben.

Die unterste, *physische-materielle Ebene* ist in der Regel jene, die du mit deinen fünf Sinnen wahrnehmen kannst. Es ist die irdische Welt von Materie, Raum und Zeit, in der du gewöhnlich lebst und schon viele Erfahrungen gemacht hast. Als Mensch gehörst du – ebenso wie die Tiere, Pflanzen und Mineralien – dazu. Beschränkt sich die Realität eines Menschen nur auf diese Ebene, so sind für ihn die weiteren, feinstofflichen Ebenen oft inexistent. Nicht selten behauptet ein solcher Mensch lauthals, jene Bereiche wären bloße Fantastereien, Märchen oder Mythologien.

Steigst du auf der Frequenz-Leiter weiter nach oben und haben sich Wahrnehmung und Bewusstsein über die materielle Welt hinaus ausgedehnt, so nimmst du die zweite, *geistige Ebene* wahr. Diese Ebene bleibt deinen beschränkten physischen Sinnen unzugänglich. Sie erschließt sich dir nur über die Wahrnehmung mit den feinstofflichen Sinnen, was du gelegentlich auch als Hellsehen, Hellhören und Hellfühlen bezeichnest. In diesen Bereichen bewegen sich die Elementarwesen wie Elfen, Trolle, Zwerge und viele andere. Außerdem leben hier so genannte untere Engel oder verstorbene Menschenseelen.

Ist deine Wahrnehmung noch auf feinere und höhere Schwingungen ausgerichtet, so erschließt sich dir auch der dritte Bereich der spirituellen, bzw. *rein geistigen Ebene.* Du wirst nunmehr der oberen Bereiche der Frequenz-Leiter gewahr. Hier »bewegen« sich die Engel und Erzengel, Elohim und Seraphim sowie die sogenannten Meister*innen der Weisheit und viele andere lichtvolle Wesen. Du bist in dem Bereich, den du gewöhnlich dem Göttlichen zuschreibst. Es ist der universelle Bereich von All-Wissen und All-Weisheit. Je weiter du auf der Leiter hoch gehst, desto mehr offenbart sich dir die All-Wirklichkeit bis hin zur Ur-Quelle, die aber jegliche Wahrnehmungs- und Beschreibungsmöglichkeit übersteigt.

Nun ist wichtig zu wissen, dass es zwischen allen Ebenen Entsprechungen und Gleichnisse gibt. Außerdem wirken alle kosmischen Prinzipien auf allen Ebenen gleichzeitig. Dies ist besonders interessant, denn mit dem Prinzip der Entsprechung können sich dir auch die Ebenen jenseits deines Wissens erschließen.

Camille: Das bedeutet also, dass zwischen all den verschiedenen Erscheinungsebenen des Lebens immer eine Entsprechung und Übereinstimmung besteht.

Nichias: Absolut. Das kommt daher, dass im Universum alles vom gleichen Ursprung herrührt. Überdies liegen den verschiedenen Ebenen die gleichen Gesetzmäßigkeiten zugrunde, wobei die Übergänge zwischen den Ebenen fließend sind. Fassen wir es noch einmal in einem Satz zusammen: *Alles hat eine Entsprechung auf allen Ebenen.*

Camille: Wenn alles auf allen Ebenen des Lebens eine Entsprechung hat, so ist unweigerlich alles miteinander verbunden.

Nichias: Es verhält sich wie bei einer Tonleiter. Erinnerst du dich, wie du als Mädchen auf dem Klavier die Tonleitern geübt hast. Alle Töne sind in einem klaren Verhältnis aufeinander abgestimmt und zwischen allen gibt es eine Entsprechung. Ein »Do« findest du auf jeder Oktave wieder. Sie schwingen bloß in einer entsprechenden, anderen Frequenz.

Camille: Und eine Oktave ist vergleichbar mit einer Ebene.

Nichias: Jede Oktave besteht aus sieben Untertönen, ebenso wie eine Ebene in sieben Unterebenen unterteilt werden kann und jene wiederum in sieben weitere.

Camille: Letztlich bis ins Unendliche.

Nichias: Aber immer in einem klaren Verhältnis zueinander. Im Universum ist nichts dem Zufall überlassen. Alles folgt klaren Gesetzmäßigkeiten.

Camille: Bei diesem Gedanken überkommt mich bisweilen ein Gefühl des Unfrei-Seins.

Nichias: Dem Ego ist die kosmische Wirklichkeit zuwider, da jene kristallklar und präzise ist. Das Ego versteht die Freiheit darin, das zu tun, was es will und nach seinen willkürlichen, eigennützigen und undurchsichtigen Gesetzen zu handeln. Es tut dies auch dann, wenn sein Handeln den kosmischen Gesetzen zuwiderläuft.

Camille: Ja, das stimmt schon. Es ist eine überkommene Form von Freiheit, die da noch in mir nachklingt. Wie sieht dann die Freiheit aus, die sich vom Ego befreit hat?

Nichias: Wenn du aus bewussten und freien Entscheiden in Kenntnis und Übereinstimmung mit den kosmischen Prinzipien lebst und handelst und indem du diejenige bist, die DU wahrlich BIST.

Camille: Ja, dann lebe ich in Übereinstimmung und Harmonie mit dem Universum und mit mir selbst. In mir und um mich herum gibt es dann keine Konflikte. Ich bin im freien Energiefluss des Lebens.

Nichias: Wenn du »gegen« die Lebens-Prinzipien lebst, schaffst du in der Tat Konflikte, Spannungen, Leid und Krankheit und bist letztlich völlig unfrei.

Camille: Ja, das ist schon wahr. Ich lass' dich weiterfahren mit deinen Ausführungen.

Nichias: »So oben wie unten, so unten wie oben«. Die Sonne erhellt den Himmel und zugleich dein Herz. Die Blume, die im Sonnenlicht in ihrer Blütenpracht erstrahlt, enthält das Göttliche ebenso wie ein Erzengel, den du in deiner Meditation spürst. Der Obdachlose unter dem Pont Neuf trägt das Göttliche ebenso in sich wie die goldene Sonne am Firmament.

Camille: Du sprichst hier eine wunderschöne Wahrheit aus.

Nichias: »So innen wie außen, so außen wie innen«. Wie oft hast du schon festgestellt, dass deine scheinbar äußere Realität in Wirklichkeit bloß der Spiegel dessen war, was in deinem Inneren vorging.
Was du auf der physischen Ebene erlebst, hat seine Entsprechung auf der geistigen Ebene und

umgekehrt. Deine Freundin, die als Heilerin tätig ist, hat dir schon vermehrt davon erzählt. Auch die unterschiedlichen Ebenen in der menschlichen Existenz kennen Entsprechungen. *So ist es möglich, bei einem Heilungsprozess auf der geistigen Ebene zu wirken und damit Heilung auf der physischen Ebene zu bewirken.* Natürlich kommen bei diesem Vorgang auch die anderen kosmischen Prinzipien wie zum Beispiel das Prinzip von Ursache und Wirkung oder das Prinzip der Schwingung zur Anwendung.

Camille: Sie hat mir einmal davon berichtet, wie sie bei einer Behandlung die Prozesse in sich selber, in Entsprechung zu ihrer Klientin, durchgeführt hat und wie der Heilungsprozess zeitgleich bei ihrer Klientin abgelaufen ist. Dabei spürte sie die Schmerzen und Blockaden ihrer Klientin auch an ihrem eigenen Körper, die sich dann umwandeln und auflösen konnten. Das klingt verrückt!

Nichias: Das ist ein interessantes, wenn auch noch wenig übliches Beispiel.

Wir könnten noch unzählige Beispiele anfügen. Alle drücken die gleiche Wahrheit aus: Allem liegt etwas zugrunde, dem es entspricht. Alles hat eine Gegenseite, der es entspricht.

Camille: Wenn du einverstanden bist, möchte ich gern nochmals auf die Freiheit zurückkommen. Wenn ich richtig verstehe, bin ich frei, wenn ich in

Übereinstimmung mit den kosmischen Prinzipien lebe, bewusst mit ihnen mein Leben gestalte und wenn ich diejenige bin, die ICH wahrlich BIN. Doch bin ich letztlich nicht nur als Seele frei?

Nichias: Ja, in Wahrheit schon. Die Freiheit der Seele ist unbegrenzt. Wenn sie sich jedoch verkörpert, verliert sie einen Großteil ihrer Freiheit. Die Bedingungen der Körperlichkeit engen sie maßgeblich ein. Daher ist deine Freiheit als Seele, die durch den Körper wirkt, immer relativ. Du bist umso freier, je weniger dein körperliches, emotionales und geistiges Dasein das freie Wirken der Seele behindert. Was schränkt das freie Wirken der Seele, die übrigens naturgegeben in Übereinstimmung und Harmonie mit den kosmischen Prinzipien wirkt, ein?

Camille: Das sind vor allem meine Ängste und meine begrenzenden Glaubenssätze sowie mein stets urteilender und bewertender Verstand.

Nichias: Nehmen wir einmal letzteres, dein begrenztes Denken mit deinem Verstand. Wende nun das Prinzip der Entsprechung bewusst an: Was entspricht auf einer höheren Ebene deinem verstandesmäßigen Denken?

Camille: Gewissermaßen das Denken des universellen Geistes.

Nichias: Nicht bloß gewissermaßen, sondern wirklich. *Lässt du den All-Geist durch deinen individuellen Geist denken, so wirst du zur Schöpferin unbegrenzter Wirklichkeiten.* Dein individueller Geist wirkt dann sozusagen nur noch als »Transformator«, der feinstoffliche Energie in dichtere Energie – zum Beispiel in Materie – umwandelt.

Camille: Das ändert alles. Wenn mein Verstand das Denken dem All-Geist überlässt, erschaffe ich eine völlig neue Welt.

Nichias: So ist es in der Tat. Unter zeitgleicher Anwendung des Gesetzes der Anziehung, wie wir demnächst sehen werden.

Camille: Das ist völlig revolutionär. Mein von der Matrix des Massendenkens programmierter und von den Ängsten eingeengter Verstand wird dann richtiggehend vom All-Geist durchflutet und der ganze Müll regelrecht ausgemistet wie der Augiasstall in der Sage des Herkules. Alle alten Programmierungen werden gelöscht und neu überschrieben. Das kann am Anfang ganz schön verwirrend sein.

Nichias: Jahrtausende lange Gehirnwäsche zu reinigen, ist in der Tat eine Herkulesaufgabe. Doch sei beruhigt, der All-Geist ist ein gestandener Herkules, für den es kein Problem darstellt, deinen

Kleingeist wie einen arg verschmutzten Stall aus-
zumisten. Lass ihn bloß machen.

Camille: Ich hab' da schon noch ein bisschen
Angst, dabei verrückt zu werden.

Nichias: Man sagt dir, wenn du die kleingeistige
Verstandeskontrolle über dein Leben aufgibst, du
wärst verrückt geworden. In Wirklichkeit heißt das
aber nur, dass du die Denk-Matrix der schlafwan-
delnden Masse aufgegeben hast und als ein wacher
Mensch zu leben beginnst. Natürlich kann es zu
Beginn verwirrend sein, wenn sich die lineare Logik deines gestandenen Kleingeists auflöst und der
kosmischen Sphärenlogik Platz macht.

Camille: Verrückt werden bedeutet dann, wenn
der Verstand die Kontrolle über das Leben an den
universellen Geist abgibt.

Nichias: Natürlich wird dieser Übergang har-
monischer verlaufen, wenn er als ein progressiver
Umwandlungsprozess abläuft. Jede*r wählt seine
ihm oder ihr angemessene Art und Weise.

Camille: Mir ist die langsame, aber beharrlich
fortschreitende Schildkröte lieber als der sprung-
hafte Hase.

Nichias: Ich möchte dich jetzt gern noch eine kleine Erfahrung zum Prinzip der Entsprechung machen lassen, wenn du einverstanden bist.

Camille: Mit Vergnügen.

Nichias: »Schließ' bitte für einen Augenblick die Augen und setz' dich entspannt und aufrecht hin. Nimm ein paar tiefe und sanfte Atemzüge ... während du ausatmest, kannst du all deine Sorgen und Ängste sowie deine begrenzenden Gedanken loslassen ... sie haben nun keinen Nutzen mehr für dich ... du kannst sie für immer entlassen und in deine Freiheit übergehen, die zu sein, die du wahrlich bist ... du spürst, wie deine innere Präsenz immer deutlicher wird, wie die Kulissen deines materiellen Lebens für einen Augenblick verblassen und das Zepter deinem Herzen überlassen ... du atmest jetzt ruhig und gelassen ... dein Körper geht dabei in eine tiefe Entspannung über und deine Gedanken ziehen wie Wolken am Himmel vorüber, ohne dass du ihnen Beachtung schenkst ... du spürst nun immer deutlicher die Leichtigkeit des Seins ... im Einssein mit allem, was ist, war und sein wird ... alle Begrenzungen dürfen sich auflösen und dein Geist expandiert in eine immer größere Freiheit ... in deinem Geiste kannst du dir nun eine wundervolle Sommernacht vorstellen, wo du auf einem Berg oder am Meeresstrand in den wundervoll leuchtenden Sternenhimmel blickst.

Milliarden von Sternen leuchten in ihrem wundervollsten Glanze und erleuchten das magische Himmelszelt, so dass du richtiggehend verzaubert wirst, in die unendliche Welt der leuchtenden Sterne eintauchst und in eine unbegrenzte Wirklichkeit übergehst ... zugleich spürst du, wie sich dein Innerstes ins Unendliche ausdehnt in die gleiche Unendlichkeit wie der Sternenhimmel ... spüre nun deine Ausdehnung, bei der sich die Grenze zwischen deinem Inneren und Äußeren allmählich auflöst und zu einem großen unendlichen Ganzen wird ... dein Universum und das Universum des gigantischen Sternenraums gehen ineinander über und vereinen sich ... lass dieses Gefühl einfach in dir wirken und koste es mit all deinen Empfindungen aus ... richte nun deine Aufmerksamkeit wie ein Beobachter auf die Milliarden von schillernden Sternen und stelle dir vor, wie die Milliarden deiner Körperzellen zu hellleuchtenden Sternen werden und wie glänzende Sterne strahlen ... sie leuchten derart hell und funkeln in einem derartigen Glanze, dass dein ganzer Körper sich in ein schillerndes Gefäß verwandelt ... die Milliarden von schimmernden Zellen, die wie Sterne glitzern, bilden alsbald ein großes wundervolles Licht und werden selber zu einem wundervollen Stern, der ins All ausstrahlt ... du spürst, wie sich dein Körper-Gefäß leicht und lichtvoll, harmonisch und wundervoll anfühlt. Der leuchtende Stern, zu dem du geworden bist und der du schon immer gewesen bist, leuchtet nun auf Erden und im All des Sternenhimmels zugleich ... und du erkennst dich abermals als glühender Stern im Universum und auf Erden wieder. Du und dein Körper bilden ein lichtvolles Wesen ... du strahlst wie ein glitzernd fröhlicher Stern in die Welt hinaus ... du spürst und weißt in deinem tiefsten Inneren: das ist mein wahres Wesen, das BIN ICH ... spüre abermals deinen ruhigen Atem und deinen Körper ... Vielleicht hast du das Bedürfnis, deine Finger, Arme oder Beine zu bewegen, zu dehnen oder zu strecken, indem du das soeben Erlebte tief in deinem Innern verankerst. Vielleicht hast du Lust, allmählich deine Augen zu öffnen und deinen Blick auf die äußere Realität zu richten, im Bewusstsein, dass so innen wie außen und so außen wie innen und so oben wie unten und so unten wie oben die Entsprechungen der gleichen Wirklichkeit sind ... Nimm dir die nötige Zeit, um wieder allmählich in die Alltagsrealität zurückzukehren ...« *(längere Pause)*.

Camille: WOW! Ich fühle mich wie ein Stern und der Sternenhimmel zugleich. Der Geist des Sternenhimmels leuchtet durch den irdischen und kosmischen Stern, der ICH BIN *(lächelt wie verzaubert)*.

Das Prinzip von Ursache und Wirkung

Jede Ursache hat ihre Wirkung
und jede Wirkung hat ihre Ursache.
Die Ursache kann auf vielen Ebenen liegen,
doch nichts entgeht dem Gesetz.

Camille: Hält das Ego das Zepter im Leben in der Hand, so setzt es als erstes dieses Gesetz außer Kraft. Damit kann es sich der Verantwortung entziehen und die Wirkung seines Handelns dem Zufall in die Schuhe schieben.

Nichias: Ja, das Ego möchte sich in der Tat gern über die kosmischen Prinzipien erheben. Nur geschieht im Universum alles gesetzmäßig und nichts ereignet sich zufällig. Was das Ego Zufall nennt, ist in Wahrheit bloß die Wirkung eines Gesetzes, das ihm unbekannt ist. Das Universum ist und war schon immer von Gesetzmäßigkeiten erfüllt und da wird nichts dem Zufall überlassen. Nur das Unwissen kennt den Zufall.

Camille: Wir bezeichnen in unserem Leben oft etwas als Zufall, da wir die Ursache eines Ereignisses noch nicht erkannt haben.

Nichias: Zufall ist dann nur der Name, den du einer unbekannten Ursache oder einem unbekannten Gesetz verleihst. Im Universum gibt es wahrlich nichts, das außerhalb des Gesetzes liegt und somit von diesem unabhängig ist. Die Gesetze schaffen die universelle Ordnung und sind Ausdruck dieser universellen Ordnung. Würde es den Zufall geben, in anderen Worten eine Unzahl von Geschehnissen ohne Verbindung zu einer wirkenden Ursache, so würde das Universum in eine chaotische Unordnung geworfen.

Camille: Da fühlt sich mein Ego aber ganz schön unfrei.

Nichias: Das ist eine falsche Interpretation von Freiheit. Freiheit bedeutet nicht, die kosmischen Prinzipien zu verneinen, den Kopf in den Sand zu stecken und zu glauben, dadurch das Gesetz außer Kraft setzen zu können. *Freiheit bedeutet vielmehr, in Kenntnis der Gesetze zu leben und zu wirken und dadurch eine Welt zu erschaffen, die Ausdruck deines wahren Wesens ist.*

Camille (scherzhaft): Beim Zufall fällt mir etwas zu, dessen Ursache ich noch nicht erkannt habe. Somit hat alles, was passiert oder was ich tue, einen Einfluss auf alles andere. *(lacht)* Hätte meine Mutter nicht irgendwann meinen Vater getroffen, so wäre ich jetzt nicht hier.

Nichias: Der Umstand, dass du jetzt meine Ausführungen aufnimmst, hat einen Einfluss auf dein
weiteres Leben.

Camille: Ja, dessen bin ich mir bewusst und ich
danke dir dafür.

Nichias: Es ist mir eine Freude. Jeder Gedanke,
den du denkst, jedes Wort, das du aussprichst, jede
Handlung, die du vollbringst, haben ihre direkten
und indirekten Auswirkungen, welche sich in die
große Kette von Ursache und Wirkung eingliedern.

Camille: Heißt das, ich habe alle Begebenheiten
und Umstände in meinem Leben selbst geschaffen?

Nichias: Ja, wahrlich und sogar ohne »Wenn und
Aber«. Daher die bekannten Aussprüche: »Was du
tust, fällt auf dich zurück.« und »Was du denkst,
wird geschehen.«

Camille: Somit können wir uns nicht mehr aus
der Verantwortung stehlen.

Nichias: In der Tat. Ohne dieses Prinzip wäre
überdies der Weg, den die sich verkörpernde Seele
beschreitet, bis zu ihrem Ziel mit dem All zu verschmelzen, sinnlos. Es ermöglicht dir zu wachsen, zu
verstehen und deine Wahl zu ändern. Du kannst die

Ursache und damit die Wirkung ändern. Dadurch hebst du die Kraft, die bislang in der negativen Anwendung dieses Prinzips lag, auf. *Erst das Verstehen und das Bewusstsein über Ursache und Wirkung ermöglichen dir, die Macht der Ursache und Wirkung bewusst und aufbauend zu lenken und damit aufzulösen.*

Camille: Können wir so unser Karma auflösen?

Nichias: Ja, genau. Das Karma basiert auf dem Gesetz von Ursache und Wirkung. Du kannst heute auf ein Geschehnis stoßen, dessen Ursache so weit zurückliegt, dass sie sich deiner Erinnerung entzieht.

Camille: Sogar in früheren Leben?

Nichias: Ja, in so genannten früheren Verkörperungen. Negatives Karma aufzulösen ist ein fortlaufender Befreiungs- und Entwicklungsprozess. Damit löst du dich allmählich von Ursache und Wirkung früherer negativer Erfahrungen.

Camille: Wie mache ich das?

Nichias: Wir haben uns an anderer Stelle bereits über das Karma unterhalten, so dass ich hier nicht weiter darauf eingehen will. Der schnellste und einfachste Weg, dich von negativem Karma frei zu halten ist der folgende:

»Lebe in Reinheit, Liebe und Weisheit und Reinheit, Liebe und Weisheit werden dir widerfahren!«

Camille: Das ist eine sehr schöne Lebensweisheit. Mir kommen hier zwei Fragen auf: »Kann eine Ursache multikausal sein? und: »Bedeutet das Phänomen der Kausalkette, dass unsere zeitliche Realität linear ist?

Nichias: Beginnen wir mit deiner ersten Frage. Sie lässt sich relativ einfach beantworten. Die Antwort auf die zweite Frage dürfte dein verstandesmäßiges Denken wohl etwas überstrapazieren.

Die Antwort auf die erste Frage lautet »Ja«. Nehmen wir als Beispiel dafür eine Krebserkrankung. Ihr liegen in der Regel mehrere Ursachen zu Grunde, die es beim Heilungsprozess aufzulösen gilt. Betrachten wir dabei die Befindlichkeiten des Körpers, so können wir folgende Ursachen der Erkrankung ausfindig machen:

- ein übersäuerter Körper als häufige Folge einer unausgeglichenen Ernährung
- eine energetische Schwächung durch Elektrosmog
- ein unverarbeitetes traumatisches Erlebnis, das eine karmische Belastung darstellt
- die missklingende Anwendung von Gedanken, Emotionen und Energien
- die Belastung durch Gifte und Schadstoffe
- chronische Entzündungen

In den meisten Fällen spielt eine Mischung dieser Faktoren bzw. Ursachen eine Rolle und somit haben wir es mit einer multikausalen Ursache zu tun. Im Heilungsprozess geht es folglich darum, die Ursachen ausfindig zu machen und sie aufzulösen sowie an deren Stelle neue lebensfördernde Ursachen zu setzen. Nebenbei gesagt, kann eine nachhaltige Heilung in der Regel nur dann stattfinden, wenn die meist unbewusste Erinnerung an das traumatische Erlebnis, bzw. die karmische Belastung, aufgelöst wird.

Camille: Ich denke, dass dies für alle Heilungsprozesse der Fall ist.

Nichias: Durch sein Denken, Fühlen und Handeln hat ein Mensch die All-Harmonie, in der sein Leben ursprünglich schwingt, aus dem Gleichgewicht gebracht. Er hat Ursachen für ein Ungleichgewicht geschaffen, die er nun wieder ins Gleichgewicht zu bringen hat.

Camille: Verhält es sich bei der gesamten Menschheit auch so?

Nichias: Selbstverständlich. Auch die Menschheit als Ganzes ist dabei, das geschaffene Ungleichgewicht wieder ins Gleichgewicht zu bringen und erneut aufbauende Ursachen zu schaffen.

Camille: Indem jeder einzelne Mensch in sich das Ungleichgewicht auflöst?

Nichias: Ja, genau. Denn du bist immer ein unzertrennlicher Teil des Ganzen. Was du in dir auflöst, löst du zugleich in der Menschheit auf. Werde daher zur stillen, weisen Beobachterin deines Selbst, das in der Vergangenheit oft unbewusst unerwünschte Situationen und Ereignisse geschaffen hat. Finde dabei die Ursache(n) tief *in dir* und suche keinen äußeren Schuldigen mehr, indem du deine inneren Anteile auf andere projizierst, während du dich als Opfer siehst. Verurteile dich dabei keinesfalls selbst, denn du trägst keine Schuld. Du würdest dadurch nur abermals unerwünschte Energien und Frequenzen schaffen.

Camille: Dabei geht das Prinzip von Ursache und Wirkung Hand in Hand mit dem Gesetz der Anziehung.

Nichias: Überlasse daher nichts mehr dem scheinbaren Zufall, sondern gestalte dein Leben bewusst und aufbauend. Mit dem Verstehen und Anwenden des Prinzips von Ursache und Wirkung, das zusammen mit dem Prinzip der Anziehung wirkt, kannst du deine Welt, dein Leben, dein handelndes Sein ändern. Schenkst du ein Lächeln, so kommt es auch zurück. Strahlst du Freude aus, so wirst auch du freudvoll angestrahlt. Schenkst du Liebe, so hält auch in deinem Herzen Liebe Einzug. Wenn du glaubst, dass du ein Opfer bist, so bist du in Wirklichkeit bloß die Schöpferin, auf die das Erschaffene zurückfällt. Du bist dann das Opfer deiner eigenen Schöpfung.

Camille: Das ist wahrlich so.

Nichias: Was du schenkst, ist die Ursache dafür, was du als Wirkung darauf erhältst. Schenke deiner Umgebung und deinen Mitmenschen Freude, Liebe und Frieden und die Wirkung, die auf dich zurückfällt, ist wundervoll.

Camille: Das Leben ist dann voller Wunder, die alltäglich werden. *(Neckend)* Doch das sagst du alles nur, um meiner zweiten Frage auszuweichen!

Nichias (schmunzelnd): Aber sicher, der kleingeistige Verstand wäre dabei heillos überfordert.

Camille: Ich heile ihn mit dem Geist des Herzens. Du kannst loslegen, mein Herz ist ganz Ohr.

Nichias: Das trifft sich gut, dann brauche ich nicht zu antworten, denn das Herz kennt die Antwort bereits.

Camille (keck): Ich wusste doch, dass du dich meiner Frage entwinden willst.

Nichias: Lass deinen Verstand so heftig Karussell fahren, bis er überfordert und entmutigt das Denken dem Herz-Geist überlässt. Ich habe das Prinzip von Ursache und Wirkung bisher so dargestellt, dass es dem durch die Verstandeslogik geprägten Denken der meisten Menschen verständlich wird. Jenes ist einer linearen Raum-Zeit-Dimension unterworfen. Wie wir bereits verschiedentlich gesehen haben, wird die Menschheit mit fortschreitender Bewusstseinserweiterung in ein zirkuläres und alsbald in ein sphärisches Logik-Verständnis und in ein allumfassendes Bewusstsein übergehen. In jener Bewusstseinsdimension spielen sich in der Tat alle Ereignisse zeitgleich ab, mit anderen Worten sind Ursache und Wirkung in Wirklichkeit zeitgleich also ohne zeitliche Verzögerung. Und das wird auch wieder so sein, sobald die Menschen erneut in diese Bewusstseinsdimension übergehen. In der Übergangszeit werden sie die Erfahrung machen, dass sich die Wirkung auf eine Ursache immer schneller und direkter einstellt. Später wird sich die Wirkung unmittelbar einstellen. Doch vorerst ist die menschliche Existenz auf Erden noch derart in das raum-zeitliche Programm eingebettet, dass wir uns auch in dieser linearen raum-zeitlichen Beschränkung darüber unterhalten müssen, was unser Vorhaben bisweilen zu einer paradoxen Gratwanderung werden lässt. Vereinfacht kannst du dir das so vorstellen: Alle Erlebnisse und Erfahrungen in deinem Leben sind wie auf Videobändern aufgezeichnet und du kannst sie dir eines nach dem anderen ansehen, denn sie sind in einer linearen Reihe angeordnet. Doch das sind sie bloß, weil du dir deren Ablauf so vorstellst. Es ist sogar so, dass die Videoaufnahmen allzeit abgespielt werden, doch du nimmst sie erst dann wahr, wenn du deine Aufmerksamkeit auf sie lenkst. Das geschieht zum Beispiel dann, wenn du in einem Heilungsprozess ein traumatisches Erlebnis auflöst. Dein lineares, raum-zeitlich geprägtes Bewusstsein nimmt dann alle Erlebnisse ebenso wie die verschiedenen Verkörperungen wie eine Abfolge von Sequenzen wahr. Nimmst du das gleiche mit einem zirkulär oder sphärisch geprägten Bewusstsein wahr, so läuft alles im Leben simultan ab. Es ist dann, wie wenn du dir alle Sequenzen zeitgleich anschauen würdest. Setzen wir die Analogie noch weiter fort, so ist es, als würdest du alle Lebenssequenzen zeitgleich erleben, aufnehmen und abspielen und dies in unterschiedlichen Räumen zugleich. Das sphärisch geprägte Denken und Bewusstsein ist in den ewigen Augenblick und den multidimensionalen Raum eingebunden. Wie du siehst, wirkt das Prinzip von Ursache und Wirkung somit *all*zeit und über*all*. Außerdem hast du bemerkt, dass diese Wirklichkeitswahrnehmung mit deinem linearen Verstandesdenken nicht erfassbar ist. Nur dein intuitiver Geist kann dir jene Wirklichkeiten offenbaren.

Camille: Meinem Verstandesdenken wird bei einer solchen Karussellfahrt in der Tat heftig schwindelig. Bei so viel Schwindel habe ich das starke Bedürfnis, all den angehäuften Verstandesmüll zu erbrechen.

Nichias (lacht vergnügt): Das ist eine gute Voraussetzung, um in ein allumfassendes Bewusstsein einzutreten. *(Stille)*

Camille: Du hast vorab von unserem Bewusstseinsprogramm gesprochen, das wir sozusagen mit der Babyflasche unbewusst aufgesaugt haben. Der Grad an äußerer Beeinflussung scheint mir sehr groß zu sein. Inwiefern hat dann die Beeinflussung durch äußere Ursachen eine Wirkung auf die Menschen?

Nichias: Das ist ein wichtiger Hinweis. Wir können sogenannte innere und äußere Ursachen ausmachen. Durch die gesellschaftlich geprägte Matrix des Massenbewusstseins werden die Volksmassen in der Tat dahingehend beeinflusst, dass sie unbewusst zu Untertanen, ja zu Opfern ihrer Umgebung werden. Wille und Wünsche ihrer Umgebung werden dann stärker als ihre eigenen. In der Folge bewegen sie sich wie Schachfiguren auf der Bühne des Lebens.

Camille: Sie agieren wie ferngesteuerte Schauspieler.

Nichias: Viele Menschen werden noch immer beherrscht durch die Meinungen, Gewohnheiten und Gedanken der äußeren Umgebungswelt und leben somit in Unfreiheit. Beantworte für dich folgende Fragen: Lebe und mache ich wahrlich, was ich liebe, was ich will und was mir gefällt? Schaffe ich bewusst und eigenständig die inneren Ursachen in meinem Leben? Wo und wann spiele ich eine Rolle und bin nicht diejenige, die ICH wahrlich BIN?

Camille: Was macht mich zur Schachfigur?

Nichias: Äußere Einflüsse in Zusammenhang mit deiner Abstammung, deiner Umgebung; Familie, Lehrpersonen und vermittelte Lehrinhalte, Religion und Kultur; Beeinflussungen durch Medien, Wünsche und Willen anderer sowie Stimmungen, Wünsche und Triebe deines Egos, die durch die Matrix der Masse konditioniert sind. Alle diese äußeren Einflüsse hast du unbewusst übernommen, im Irrglauben sie seien die Früchte deines eigenen Wesens.

Camille: Bleibe ich dabei, so werde ich wie eine Schachfigur auf der Bühne des Lebens hin- und her gerückt. Ich spiele meine Rolle(n) und werde beiseitegelegt, wenn das Spiel vorbei ist.

Nichias: Irgendwann im Leben wirst du dann vor die Entscheidung gestellt, ob du als von außen gesteuerte Schachfigur leben oder zur Meisterin deiner selbst werden willst, zur sogenannten inneren Meisterin.

Camille: Ich weiß mittlerweile, dass mein wahres Wesen in meinem Inneren ist.

Nichias: Als Meisterin kennst du die Spielregeln, erhebst dich über die Ebene des materiellen Lebens, verbindest dich mit den höheren Ebenen deiner Natur, deinem Herzen und meisterst folglich deine Stimmungen, Eigenschaften und Polaritäten ebenso wie die Geschehnisse in deiner Umgebung. Du bist eine bewusste Spielerin und keine Figur. Du entgehst auf höheren Ebenen den Ursächlichkeiten nicht, denn das Gesetz hat auch dort seine Wirkung, aber du überwindest das Gesetz, indem du bewusst die Ursachen und Wirkungen erzeugst, die in Übereinstimmung mit deinem höheren Selbst und deiner ICH BIN-Gegenwart sind. Du machst dich so zum bewusst handelnden Teil des Gesetzes und bist nicht mehr dessen blindes Werkzeug und Opfer. Du bist und handelst im Dienste des höheren Selbst und meisterst die materielle Welt.

Camille: Wie kann ich das Prinzip von Ursache und Wirkung überwinden?

Nichias: Indem du es in Kenntnis und im Bewusstsein anwendest, wie wir schon bei den anderen Prinzipien gesehen haben. Du bist dann nicht mehr ein unwissendes und unbewusstes Opfer der universellen Gestaltungsprinzipien, sondern gestaltest durch sie dein Leben. Lass dich einen Augenblick lang folgende Erfahrung machen:

»Setz dich einen Augenblick lang entspannt und aufrecht hin und atme bewusst tief und sanft zugleich. Während du so dein Bewusstsein auf deinen Atem richtest, spürst du, wie sich dein Körper mehr und mehr entspannt und du immer mehr in dir selbst, in deinem Inneren ankommst. Somit kannst du deine Energie allmählich vom Spiegel der Außenwelt zurückziehen und in der Quelle deines Seins ankommen. Du befreist dich so von den Einflüssen der Außenwelt und nimmst deinen wahren Platz als Schöpferin deiner Wirklichkeiten wieder ein, im Bewusstsein, dass du alle Begebenheiten und Geschehnisse in deinem Leben erschaffst.

Du kannst jetzt einen Augenblick lang in dir aufkommen lassen, mit welchen Gedanken und Glaubensmustern du die Begebenheiten und Geschehnisse in deinem Leben erschaffst ... nimm sie einfach zur Kenntnis, ohne sie zu bewerten ... aus irgendwelchen Gründen hast du irgendwann in deinem Leben das eine oder andere Glaubensmuster geschaffen oder aus deiner Umgebung übernommen ... und du hast in der Folge nach diesen Glaubens- und Denkmustern dein Leben gestaltet, auch wenn du dadurch womöglich sogar Leiden erzeugt hast. Du hast vielleicht durch dein Denken Ursachen gesetzt, die später unerwünschte Wirkungen in deinem Leben erzeugt haben, ohne dass du dir dessen bewusst warst ... vielleicht erkennst du jetzt auch, dass dein Glaubensmuster bereits die Wirkung auf eine Ursache ist, die in einem noch früheren Erlebnis, vielleicht im Kindesalter gründet ... und um dich vor unliebsamen Emotionen, die damit verbunden sind, zu schützen, hast du dich davon abgetrennt.

Du darfst dich jetzt auch mit den Emotionen verbinden, die zur Gestaltung deiner Realitäten eine Rolle spielen ... du brauchst sie nicht erneut zu durchleben, es reicht, wenn du sie im Bewusstsein aufnimmst ... du bist jetzt vielmehr eine stille und weise Beobachterin deines Selbst, das im Laufe deines Lebens, oft unbewusst, unerwünschte Situationen erschaffen hat ...

Vielleicht hast du lange Zeit in der äußeren Welt einen Schuldigen gesucht oder die Schuld für deine Begebenheiten auf andere projiziert und dich dadurch zum Opfer gemacht ... verurteile dich dabei keinesfalls selbst, denn du trägst keine Schuld ... du würdest dadurch nur abermals unerwünschte Energien und Frequenzen schaffen ... dein Ziel ist vielmehr den Ursachen gewisser Erlebnisse in deinem Leben bewusst zu werden und sie darauf umzuwandeln, um alsbald neue Ursachen zu setzen, die neue Wirklichkeiten erzeugen.

Vielleicht hast du bereits erkannt, wie ein bestimmtes Denken eine Emotion hervorruft und wie das unzertrennliche Paar Denken-Fühlen in deinem Leben Geschehnisse und Erlebnisse bewirkt haben. Erscheinen dir gewisse Begebenheiten in deinem Leben nicht mehr als aufbauend und fördernd oder vielleicht sogar als hemmend und zerstörend, so kannst du sie jederzeit transformieren, indem du die Ursache umwandelst … du bist dazu eingeladen, dies mit deinem Herzen zu tun, denn es besitzt die Klarheit und das liebende Verständnis dazu und ermöglicht dir, dich auf eine höhere Ebene des Schöpfungspotenzials zu erheben … bleib einfach in der Haltung der stillen weisen Beobachterin, die sich nicht mehr mit dem Schicksal der Schachfigur zu identifizieren braucht … du darfst dich jetzt dazu entscheiden, zur bewussten Spielerin auf dem Schachbrett des Lebens zu werden und dich definitiv von der Existenz der Schachfigur zu befreien. Erkenne jetzt oder im weiteren immer deutlicher die Ursachen und Wirkungen der Geschehnisse in deinem Leben … vielleicht nimmst du sogar eine Kette oder ein Netz von Ursachen und Wirkungen wahr … vielleicht zeigen sich die Ursachen und Wirkungen in deinem Bewusstsein oder bleiben ganz einfach im unbewussten Bereich, das spielt überhaupt keine Rolle, das einzig Wichtige ist, dass du dich jetzt oder, sobald du dazu bereit bist, entscheidest, das Spiel des Lebens als bewusste Akteurin zu spielen und du bekräftigst, dass nie mehr mit dir gespielt wird. Nur du entscheidest, was und mit wem du, wie spielen willst … Dabei folgst du einzig deinem eigenen freien Willen und hast tiefen Respekt vor dem freien Willen der anderen. Somit erhebst du dich definitiv auf eine höhere Ebene im Herzen und wirst zur Gestalterin deiner Ursachen … und legst endgültig die Rolle als Opfer deiner unbewussten Wirkungen ab.

Werde nun zur bewussten Ursache der gewünschten Wirkung, indem du dir klar wirst, was du leben willst. Dementsprechend schaffst du klare aufbauende Gedanken als neue Ursachen von neuen Lebenswirklichkeiten und kannst in Frieden, Freude und Vollkommenheit leben, wie es sich für einen wahren Menschen gebührt.

Sei dir fortan immer im Klaren, welche Ursachen du in deinem Leben setzt, denn sie bestimmen dein Denken, Fühlen, Sprechen und Handeln und somit deine Realität auf der Bühne des Lebens, das so zu einem freudigen und spaßigen Spiel werden kann.

In dieser klaren und freudigen Haltung, die allzeit in deinem Inneren schwingt, kannst du nunmehr deine geschlossen Augen abermals für die Außenwelt öffnen und feststellen, dass jene bloß der Spiegel deiner Innenwelt ist, denn so innen wie außen, setzt du fortan die Ursache für das Außen in deinem Innern an.

Camille (langsam auftauchend): Im Prinzip geht es nur darum, zur bewusst gewählten Ursache meiner Wirklichkeiten und somit zur Gestalterin meines Lebens zu werden.

Nichias: Du kannst das Gesetz benutzen, um Gesetze zu überwinden. Der Wille deines höheren SELBST gewinnt stets die Oberhand über den niedrigen Willen deines Egos, bis er schließlich den Punkt erreicht, der jenseits der Gesetze der Erscheinungswelt liegt.

Camille: Und dieser Punkt liegt in meiner göttlichen Gegenwart, im Herzen meiner selbst.

Die Alchemistischen Prinzipien

Nichias: Dazu gehört das Prinzip der *Polarität* mit seinen »Unter-Prinzipien«, dem Prinzip *Rhythmus* und dem *männlich-weiblichen Prinzip.*

Durch die Projektion eines Schöpfer-Gedankens aus der Einheit der Ur-Quelle wird der Schöpfungsprozess in Bewegung gebracht. Aus der übergeordneten Einheit bilden sich zwei entsprechende Pole. Die erste oder sogenannte Ur-Polarität ist die Männlich-Weibliche. Vergleichbar mit der Elektrizität haben sie eine entsprechende positive oder negative »Ladung«. Das elektrische Spannungsfeld zwischen ihnen löst gewissermaßen den Prozess für die Geburt allen Lebens in den Formen aus.

Das Prinzip der Polarität

Alles, was existiert, drückt sich durch zwei gegensätzliche Seiten aus. Die zwei Extreme (Pole) bilden jedoch nur verschiedene Grade der gleichen Dinge.

Camille: Du hast mir schon vorausgeschickt, dass die Erkenntnis und Anwendung dieses Prinzips für die Entwicklung des Menschen besonders wichtig ist.

Nichias: In der Tat ist seine Anwendung und Überwindung für deine weitere Entwicklung von großer Wichtigkeit. Ich möchte mich mit dir als erstes über das Wesen dieses Prinzips unterhalten, um dir die Schlüssel in die Hand zu geben, wie du dieses Prinzip konstruktiv für dein Leben nutzen und damit das andauernde Hin und Her und Auf und Ab überwinden kannst.

Camille: Das kommt mir sehr gelegen, denn ich bin das ständige Schwingungs- und Stimmungs-jojo allmählich leid. Das ist auf die Dauer ganz schön anstrengend. Wenn ich dabei lernen kann, wie ich eine Schwingungsfrequenz halten kann, ohne dauernd auf die Gegenseite zu kippen, so ist mir das wahrlich lieb.

Nichias: Genau das ist das Ziel dieser Unterhaltung.

Camille: Ich schätze mich glücklich.

Nichias: Das Prinzip der Polarität besagt, dass alle Lebensformen immer einen zweifachen Ausdruck haben. Alles im Leben besteht aus zwei Gegensätzen, die aber immer nur zwei Grade der gleichen Wirklichkeit darstellen. Alles hat zwei entgegengesetzte Pole, ein Paar von Gegensätzlichkeit. Diese Gegensätze sind in ihrer Natur identisch, doch verschieden im Grad.

Camille: Und dieses Paar von Gegensätzlichkeit lebe ich dann oft als Widersprüche.

Nichias: Die sich aber immer in Einklang bringen lassen, da das Gegenteilige immer zeitgleich existent und energetisch präsent ist.

Camille: Kannst du zur Veranschaulichung ein paar Polaritäten als Beispiele nennen?

Nichias: Das kann ich gerne tun: Mut, Vertrauen–Furcht; Freude–Trauer; Liebe–Hass; Licht-Schatten; Hell-Dunkel; Stress, Hektik-Ausgeglichenheit, Ruhe; Warm-Kalt. Ich könnte eine Unmenge anderer Beispiele geben, denn im Kosmos finden sich wie gesagt alle Ausdrucksformen in zwei Gegensätzen.

Camille: Wie verhält es sich mit Gut-Böse, denn du hast mir an anderer Stelle erklärt, dass es so etwas wie »Gut und Böse« nicht gibt?

Nichias: Das ist eine gute Frage. Hier gilt vorerst einmal folgende Unterscheidung. Handelt es sich bei deinem Ausdruck um eine Bewertung, ein Urteil deines Verstandes oder sprichst du von der Polarität Gut-Böse. Handelt es sich um eine Polarität, so besagt dies, dass die beiden Pole immer *wertfrei oder gleich-wertig* sind und jenseits von jeglicher Bewertung existieren. Beide sind Ausdrucksweisen der gleichen Wirklichkeit, das eine ist nicht besser als das andere und umgekehrt. Heiß ist nicht besser als Kalt und Kalt auch nicht besser als Heiß. Es SIND bloß zwei Pole des *einen* lebendigen Ausdrucks.

Nun wurdest du in deinem Kindes- und Jugendalter durch Erziehung und Ausbildung derart konditioniert, dass du alles mit deinem Verstand bewertest, über Dinge und Menschen urteilst, oft ver-urteilst sowie die Wirklichkeit interpretierst und über vieles mutmaßt. Hier handelt es sich um eine Verzerrung deiner Verstandestätigkeit. Kurz gesagt, du hast gelernt dein Verstandesdenken als Werkzeug deines eigenwilligen Egos zu nutzen und damit unbewusst angefangen, eine willkürliche Realität oder eben eine Illusion zu erschaffen. In der Grundbewertung deines Verstandesdenkens hast du gelernt, alles Lebendige grundsätzlich einmal in »Gut und Schlecht oder eben Böse« einzuteilen. Hierbei handelt es sich um eine völlig willkürliche Bewertung und folglich um eine Illusion und nicht um die gleich-wertigen Gegenseiten einer Polarität.

Camille: Das leuchtet mir jetzt ein. Deshalb hast du mit Nachdruck gesagt, dass ein erster wesentlicher Schritt in Richtung unseres Herz-Wesens die Auflösung aller Szenarien von Bewerten und Urteilen sei, da wir dadurch viel Schmerz und Leid erschaffen würden. Du hast dabei auch erwähnt, dass wir unseren Verstand nur noch für wertfreies Denken und Analysieren von Situationen in Form von Beschreibung und nicht von Interpretation nutzen sollten. Doch lass uns zum Prinzip der Polarität zurückkehren.

Nichias: Ja, gern. Zwei Pole sind immer nur unterschiedliche Schwingungs-Grade des gleichen Spektrums, wobei der Übergang fließend ist. So sind Kälte und Hitze nur unterschiedliche Ausdrucksformen von Wärme. Zwischen den Extremen liegen viele Grade und du kannst nicht wirklich sagen, wo die Kälte aufhört und die Wärme beginnt und umgekehrt. Es gibt keinen absoluten Maßstab, denn alles ist eine Sache des Grades. Kälte und Hitze sind folglich unterschiedliche Grade des Wärme-Spektrums.

Camille: Anhand deines Beispiels wird das Prinzip der Polarität klar ersichtlich.

Nichias: Nehmen wir noch das Beispiel einer geistigen Polarität: Liebe-Hass. Liebe und Hass sind Ausdrucksformen oder Grade, die auf einer unterschiedlichen Frequenz schwingen. Liebe schwingt auf einer höheren Schwingungsfrequenz und Hass auf einer niederen. Wobei »hoch« und »niedrig« keineswegs eine Bewertung, sondern lediglich Ausdruck einer, übrigens messbaren, Schwingungsfrequenz sind wie zwei Töne auf unterschiedlichen Oktaven der Tonleiter in unterschiedlicher Hertz-Frequenz schwingen.

Camille: Für mich ist es vor allem schwierig, mit emotionalen Gegensätzen umzugehen.

Nichias: Bei einem emotionalen Erlebnis wie Freude und Trauer, ist immer – wenn auch oft nicht bewusst wahrgenommen – gleichzeitig die entgegengesetzte Polarität präsent. Die beiden Pole sind ja immer nur unterschiedliche Grade des gleichen Spektrums.

Lebst du eine unangenehme Situation wie Angst, so kannst du diese jederzeit augenblicklich in ihr Gegenteil umwandeln, denn der Gegensatz des jeweiligen Umstandes auf der anderen Seite des Spektrums ist zugleich vorhanden.

Camille: Kommt hinzu, dass sich die Emotion der Angst als Folge meiner Interpretation der Realität einstellt.

Nichias: Ja, darauf haben wir schon verschiedentlich hingewiesen. Von daher kannst du eine unerwünschte Emotion auflösen, indem du entweder die Interpretation der Situation änderst oder den einen Pol in den anderen transformierst. Hinsichtlich der Interpretation einer Situation möchte ich dir folgendes Beispiel geben: eine Person erlebt den Tod einer geliebten Person. Interpretiert sie diese Situation aus der Perspektive des Egos und sieht darin ein Ende, so stellt sich unmittelbar Trauer und Schmerz über den Verlust ein. Erlebst du die gleiche Situation aus der »Perspektive« der Seele, so siehst du, wie sich die Seele aus ihrem Gefängnis, dem Körperkleid, befreit. Du spürst dann die unbeschreibliche Freude, welche die Seele bei diesem Befreiungsprozess erlebt.

Camille: Außerdem heißt das auch, dass ich den gleichen Vorgang als Anfang oder Ende erleben kann. Der Tod ist dann für die Seele ein Anfang, während es für den Körper ein Ende zu sein scheint.

Nichias: Wobei Anfang und Ende wiederum nur entgegengesetzte Pole des Lebens darstellen.

Camille (lacht unvermittelt): Wie oft haben wir schon gesagt, es ginge in einer Sache um Leben und Tod, dabei geht es in Wirklichkeit um Anfang und Ende, wobei das Ende immer auch ein Anfang ist.

Nichias: Darin sehen wir, dass die Extreme sich berühren. Die Gegensätze sind identisch in der Natur und nur verschieden im Grad.

Kommen wir noch einmal auf die Polarität von Liebe und Hass zurück. Innerhalb der beiden gibt es unzählige Abstufungen, Grade der Zuneigung und Abneigung. Es liegt keine wirkliche Grenze zwischen den Graden. Der Übergang ist fließend. Zwischen den Extremen liegt also eine Skala von unzähligen Formen der Zuneigung und Abneigung. Sie sind der Ausdruck des Gleichen in einer unterschiedlichen Schwingungsfrequenz.

Camille (ruft unvermittelt aus): Sein oder Nichtsein lösen sich auf im Werden, denn die Gegensätze liegen schon bald im Sterben.

Nichias (lächelnd): Du bist ganz schön inspiriert. Denn das wahre Verständnis dieses Prinzips führt uns zur Erkenntnis, dass es unabdingbar ist, die Gegensätze zu überwinden.

Camille *(frotzelnd)*: Alle Wahrheiten sind immer nur halbe Wahrheiten …

Nichias: … oder zwei Wahrheiten, die gleichgültig sind.

Camille: Das famose göttliche Paradox ist dann auch nur Ausdruck einer Polarität!

Nichias: Sie drückt absolute Wahrheit und relative Wahrheit aus und jene sind bloß unterschiedliche Grade der Wahrheit.

Camille: Alles ist und ist nicht zugleich.

Nichias: Du bist auf dem besten Weg, dich aus dem Teufelskreis des immerwährenden Pendelausschlags vom einen Extrem zum anderen zu befreien ...

Camille: ... Das Pendel schwingt wie ein Damoklesschwert über den Extremen ...

Nichias: ... Und in den Tugendkreis, der in Wahrheit eine Spirale ist, überzugehen.

Wir kommen nun an den wesentlichen Punkt: Wie wendest du dieses Prinzip an? Wie meisterst du die Polaritäten?

Camille: Du hast gesagt, die Gegensätze könnten miteinander in Einklang gebracht werden.

Nichias: Durch die Erkenntnis des Prinzips der Polarität kannst du die Gegensätze aussöhnen. Dazu nutzt du die Kunst der TRANSFORMATION. Diese basiert immer auf dem Prinzip der Polarität. Ich werde dir nunmehr *3 Schlüssel zur Transformation* und somit zur Selbstermächtigung mit auf den Weg geben: Der erste besteht in der

Umwandlung der einen Polarität in die Entgegengesetzte, der zweite im Ausgleich der Polaritäten und der dritte in der Auflösung der Polaritäten im »Nullpunkt«, der jenseits der Polaritäten liegt.

Camille: Diese Schlüssel scheinen mir besonders kostbar und nützlich zu sein.

Nichias: Die Verwandlung, auch Polarisation genannt, findet immer zwischen zwei Dingen derselben Art doch unterschiedlichen Grades statt.

Camille: Ich verstehe. Ich kann Kälte in Hitze umwandeln, das heißt, einen Grad von Wärme in einen anderen, aber nicht Kälte in Größe oder Furcht in Freude, weil es sich dabei nicht um die verschiedenen Grade des Gleichen handelt.

Nichias: Ganz genau. Wenn du einverstanden bist, begleite ich dich durch die verschiedenen Transformationsprozesse.

Camille: Sehr gern.

Nichias: Nenne mir zum Beispiel eine Emotion, die du gerne umwandeln oder auflösen möchtest.

Camille: Da muss ich nicht lange überlegen. Am meisten hindert mich die Furcht bei meiner Selbstverwirklichung.

Nichias: Sehr gut. Welches ist der entgegengesetzte Pol von Furcht?

Camille: Für mich sind dies Mut und Vertrauen.

Nichias: Die Umwandlung erfolgt nun durch den Wechsel der Polarität, indem du gewissermaßen auf derselben Skala von einem Grad zum anderen gleitest oder anders formuliert: durch die Erhöhung oder Senkung der Schwingungsfrequenz. Mut schwingt in einer höheren Frequenz und Furcht in einer niedrigeren. Das hat nichts mit einer Bewertung von besser oder schlechter zu tun. Du entscheidest einzig einen Zustand in einen anderen umzuwandeln, weil du – aus welchen Gründen auch immer – den anderen Zustand wählst. In deinem Fall wählst du denjenigen, der in einer höheren Schwingung ist.

Camille: Ja, zum einen ist der höher schwingende Zustand für mich angenehmer und positiver, zum anderen geht es bei der Selbstverwirklichung ja auch darum, in immer höheren Schwingungsfrequenzen zu leben.

Nichias: Natürlich. Nur geht es bei diesem Prozess nicht darum, die Wirklichkeit des anderen Pols zu verneinen oder zu bekämpfen. Denn dadurch stärkst du ihn nur und das Pendel schlägt dann bereits wieder in seine Gegenrichtung zurück. Hier wirkt nämlich zeitgleich das Prinzip des Rhythmus, auf das wir aber später eingehen.

»Schließe nun für einen Moment deine Augen. Nimm ein paar tiefe und sanfte Atemzüge und richte deine Aufmerksamkeit immer mehr darauf, was in dir lebendig ist. Wenn du noch störende Gedanken hast, so lass sie wie Wolken am Himmel vorbeiziehen, ohne auf sie zu achten. Du kannst auch alle Besorgnis und Unruhe in Frieden loslassen.«

»Wähle jetzt eine Situation, bei der du Furcht erlebst oder erlebt hast. Nimm einfach die erste Situation, die sich dir spontan anbietet ... betrachte und beobachte nun die Furcht ... schau genau hin und nimm sie an, ohne zu bewerten oder zu urteilen ... konzentriere dich auf den negativen Pol der Furcht und schaue ihr furchtlos in die Augen ... füge nun den entgegengesetzten Pol ... Mut und Vertrauen ... hinzu. Du denkst also an den negativen Pol der Furcht und fügst Mut und Vertrauen hinzu ... verdopple nunmehr Mut und Vertrauen und du spürst, wie sie sich immer mehr intensivieren ... verdopple und intensiviere so noch einmal dein Empfinden von Mut und Vertrauen ... füge einfach so lange Mut und Vertrauen hinzu, bis du spürst, dass es reicht, weil sich die Furcht in Mut und Vertrauen umgewandelt hat. Die Furcht hat nunmehr keinen Einfluss mehr auf dich und du ankerst die Empfindung von Mut und Vertrauen tief in dir, im Bewusstsein, dass du jederzeit die

Macht hast, einen Zustand in einen anderen umzuwandeln … deine bewusste Entscheidung reicht
schon aus, damit sich der Prozess selbsttätig aus-
löst und du unmittelbar in die gewünschte Polarität
gelangst, so wie du es nun geschafft hast, Furcht in
Mut und Vertrauen umzuwandeln. Es ist toll, sich
einfach mutig und vertrauensvoll zu fühlen.«

Camille: Ja, es ist wundervoll toll. Ein Leben in
Mut und Vertrauen schafft ein ganz anderes Le-
bensgefühl als in der Furcht. Ich spüre, dass sich
bei mir wohl einer der grundlegendsten Parameter
im Leben umwandelt. Handle ich aus Mut heraus,
so erschaffe ich eine völlig andere Wirklichkeit.
Außerdem wirkt dabei das Gesetz der Anziehung
zeitgleich und erschafft entweder wovor ich Angst
habe oder wohin mich der Mut im Vertrauen lenkt.

Nichias: In der Tat. Meisterst du das Prinzip der
Anziehung und der Polarität, so bist du auf dem
besten Weg, eine Meisterin der Energien zu werden, was ja mitunter ein Ziel des Lebens auf Erden
ist. Du bist dann kein *re*agierendes Wesen mehr,
sondern ein kreatives, agierendes Wesen. Du bist
nicht mehr Opfer deiner Umgebung und der kosmischen Prinzipien, sondern bewusste und mächtige Schöpferin deines Lebens.

Camille: Das ist eine stimulierende Lebensper-
spektive.

Nichias: Mit dem zweiten Schlüssel kannst du in die Mitte kommen und die Polarität auflösen, indem du in der Mitte lebst.

Camille: Heißt das: in der Mitte der Polaritäten?

Nichias: Genau.

»Schließe bitte abermals die Augen und nimm ein paar tiefe und sanfte Atemzüge. Richte deine Aufmerksamkeit wieder darauf, was in dir lebendig ist. Lass allfällige störende Gedanken abermals wie Wolken am Himmel vorbeiziehen und lass auch jegliche Besorgnis und Unruhe in Frieden los. Spüre, wie du dich bei jedem Ausatmen etwas mehr entspannen kannst. Viele deiner Anspannungen sind das Ergebnis missklingender Gedanken und nicht hilfreicher Gefühle, die du nun für immer gehen lassen kannst.«

»Beobachte nun die Furcht, ohne zu bewerten oder zu urteilen, aus einer völlig neutralen Position heraus … aus deiner ausgeglichenen Mitte – deinem Herzen – heraus … zwischen den Polaritäten Furcht einerseits und Mut und Vertrauen andererseits … Konzentriere dich nun auf den einen Eckpunkt der Polarität … die Furcht … und alsbald auf den anderen Eckpunkt … Mut und Vertrauen … im vollen Bewusstsein, dass beide bloß der gegenseitige Ausdruck des Gleichen sind.«

»Du kannst dir auch vorstellen, wie du aufrecht stehst und beide Arme seitlich ausstreckst, die offenen Handflächen nach oben gerichtet ... lege alsdann auf die eine Handfläche die Furcht und beobachte sie aus einer neutralen wertfreien Position heraus, nimm ihre Gegenwart akzeptierend an ... lege nach einer Weile das Gegenteil ... Mut und Vertrauen ... auf die andere Handfläche und betrachte sie ebenso aus deiner ausgeglichenen Mitte ... Spüre dann einen Augenblick lang, wie beide Extreme gleich-wertig existieren ... suche nun die Mitte dieser Extreme und du wirst merken, dass diese in deinem Herzen liegt und begebe dich mit deiner Aufmerksamkeit in die Mitte deines Herzens ... während die Extreme weiterhin auf deinen Handflächen verweilen, bist du nun in der Mitte deines Herzens und spürst vielleicht schon, wie du in einen Zustand der Ausgeglichenheit gelangst ... in dieser Mitte zwischen dem einen und dem anderen kann nun ein tiefer innerer Frieden hervorkommen. Eine wahre Gelassenheit pulsiert nun in deinem Herzen und breitet sich in deinem ganzen Wesen aus ... spüre einfach diesen wohltuenden Zustand und spüre auch, wie die Furcht nunmehr an Wichtigkeit verloren hat und allmählich verblassend in den Hintergrund rückt.«

»Du bist nun völlig in deiner Mitte im Herzen und die Polarität hat sich wie aufgelöst, indem du jetzt genau in der friedvollen Mitte der Gegenseitigkeiten ruhst, die sich so neutralisieren ... intensivere noch einmal dieses Gefühl in dir, vielleicht stellen sich noch andere Gefühle wie Leichtigkeit oder Lebensfreude oder irgendein anderes angenehmes Gefühl ein ... spüre einfach und genieß es ... ankere und integriere diese Empfindungen tief in dir und sei dir bewusst, dass du von nun an, falls du dies wählst, Meisterin deiner Gegensätzlichkeit sein kannst und dass es genügt in die ausgeglichene Mitte deines Herzens zu gehen und dein Leben aus dieser Ausgeglichenheit heraus zu leben. Du kannst nun allmählich deine Augen wieder öffnen ... vielleicht hast du das Bedürfnis, deine Glieder zu recken, um wieder in das Tagesbewusstsein überzugehen, während du die wundervolle Empfindung der Ausgeglichenheit für immer in deinem Inneren speicherst.«

Camille: Ich fühle mich wirklich in einer tiefen inneren Ruhe. Das ist so wohltuend. Ich fühle mich auch leicht und frei *(heiter)* vom aufreibenden Hin und Her der Gegensätze.

Nichias: Du bist nun nicht mehr ein Opfer, das dem Pendelschwung ausgeliefert ist.

Camille: Ich bin in einem friedvollen Wohlbefinden. Es ist nicht einfach, solche Empfindungen mit Worten wiederzugeben. Das hat wohl damit zu tun, dass ein solcher Zustand verstandesmäßig nicht erfassbar, sondern nur mit dem Herzen empfindbar ist. Ich höre Stimmen einiger meiner Freunde, die sagen, ohne Extreme sei das Leben ganz schön fad.

Nichias: Das hat oft damit zu tun, dass sie sich erst in den Extremen spüren. Sie haben dermaßen die Verbindung zu sich selbst verloren, dass sie sich kaum noch spüren und schon gar nicht mehr feinfühlige Nuancen des Lebens wahrnehmen. Ein Adept von Extremen braucht dann oft eine erhebliche Dosis an Emotionen, um sich lebendig zu fühlen.

Camille: Sie verwechseln ein kraftvolles Erlebnis mit der Intensität eines Erlebnisses. So ist zum Beispiel Sanftheit zwar keine kraftvolle, aber dafür eine subtile Empfindung, die zugleich sehr intensiv sein kann.

Nichias: Ja, das stimmt schon. Oft pendeln sie dann zwischen schwarz und weiß und sind noch nicht empfänglich für die feinen Abstufungen dazwischen …

Camille: … geschweige denn für die feinen Farbnuancen des Lebens.

Nichias: Außerdem verstärken viele Menschen die Extreme noch dadurch, dass sie sich mit ihnen identifizieren. Nehmen wir als Beispiel jemand, der in der Polarität depressiv – lebensfreudig lebt. Befindet er sich im depressiven Zustand und interpretiert oder urteilt, er sei ein depressiver Mensch, so verstärkt er sein Erleben umgehend. Identifiziert er sich nunmehr mit diesem Zustand, so wirkt dies zusätzlich als Kraftstoff, der ihn vollends in die Tiefen dieses Erlebens katapultiert und ihn darin gefangen hält.

Camille: Geschieht nicht das Gleiche, wenn ihm ein Psychiater oder Psychologe mit seinem Diagnose-Urteil den Stempel der Krankheit »Depression« aufdrückt?

Nichias: Freilich, aber nur, wenn sich die Person mit der diagnostizierten Krankheit identifiziert. Handelt der Therapeut in heilender Absicht, so hilft er jener Person, sich auf die andere Seite der Skala oder eben in die Mitte der Extreme zu begeben.

Camille: Und wie tut er das?

Nichias: Er wendet dabei das Prinzip der Polarität in Verbindung mit dem Prinzip der Entsprechung an. Der Therapeut oder Heiler schwingt sich dabei vorerst auf die Polarität ein, die beim Klienten erreicht werden möchte. Unter Anwendung der Entsprechung kann sich dieser Zustand auf den Klienten übertragen, indem sich jener, meist unbewusst, darauf einschwingt. Außerdem löst er beim Klienten durch Induktion den Umwandlungsprozess aus, der ihn entweder zum positiven Ende der Skala polarisiert oder ihm ermöglicht, in einen Zustand der Ausgeglichenheit in der Mitte zu kommen.

Camille: Nehmen wir an, der Klient findet zum positiven Ende der Skala zurück, besteht dann nicht die Gefahr, wieder in den Zustand des negativen Pols zurückzufallen.

Nichias: Tatsächlich! Aber die Person hat dabei gelernt, aus dem unerwünschten Zustand herauszukommen. Sie bleibt nicht mehr als Opfer im negativen Pol ihres Erlebens stecken und hat nunmehr die Möglichkeit, ihr Erleben aktiv in den positiven Pol umzuwandeln.

Camille: Sie kann dadurch ihr Opferdasein überwinden. Wenn ich richtig verstehe, führt der zweite beschriebene Weg zu einer dauerhafteren Lösung.

Nichias (lacht): Die Person ist dann nicht mehr ein Spielball des Tischtennisspiels der zwei entgegengesetzten Pole. Aber dieses Spiel muss oft zuerst bewusst gemacht werden.

Kommen wir noch einmal auf dein Beispiel zurück. Du hast auch eine langjährige Erfahrung im Tischtennis. Die beiden Pole Furcht und Mut haben in ihrem Machtringen oft kräftig aufgespielt und dich als Spielball unzählige Male von der einen Seite auf die andere gewirbelt. Je heftiger der eine aufschlug, umso heftiger schlug der andere zurück.

Camille: Ich gebe auch heute bisweilen noch eine ausgezeichnete Tischtennispartie. Decke mir doch bitte die unbewussten Mechanismen auf, die dabei im Spiel sind.

Nichias: Bist du bestrebt, dich mit aller Kraft auf den positiven Pol des Mutes hinzubewegen, so tust du dies oft mit der unbewussten Sorge, wieder in den negativen Pol abzugleiten. Während du nun vielleicht noch mehr mit aller Anstrengung auf den positiven Pol zu strebst, entsteht ein energetisch präsenter Kampf in dir. Dadurch erschaffst du in deinem Energiefeld einen energetischen Gegenpol und steuerst damit geradewegs auf den negativen Pol der Furcht zu. Obwohl du dich auf den positiven Pol zubewegst und dessen Schwingungsfrequenz vielleicht schon fast erreicht hast, hast du zugleich schon angefangen, deine Furcht zu verdichten und die Voraussetzung dafür geschaffen, dass das Pendel anfängt, sich auf den negativen Pol hinzubewegen. Nun unternimmst du vielleicht noch größere Anstrengungen, um vom negativen Pol zu flüchten. Du hast, in der Regel unbewusst, in deinem steten inneren Kampf den positiven Pol zu erreichen, konstant den Gegenpol verstärkt. Das Pendel schlägt nun, ob du willst oder nicht, abermals zum negativen Pol aus.

Ich versuche dir mit meinen Ausführungen, deine Erfahrung des ständigen »Auf und Ab« zu erläutern.

Camille: Ich verstehe. Aus der Polarität Furcht – Mut entsteht dann ein unbewusster innerer Konflikt, bei dem ich die Furcht, die ich verlassen will, zeitgleich nähre, obwohl ich mich mit aller Kraft auf den Mut zu bewege. Mir wird nun der innere Mechanismus klar, dem ich jahrelang unbewusst »ausgeliefert« war.

Nichias: Das freut mich. Bei diesem andauernden Hin und Her wirken überdies die Prinzipien Polarität, Rhythmus und Ursache und Wirkung. Auf die letzteren zwei kommen wir später zu sprechen.

Camille: So gesehen ist der zweite beschriebene Weg der Ausgeglichenheit in der Mitte dauerhafter. Welchen Weg öffnet uns der dritte Schlüssel?

Nichias: Er ist gewissermaßen der Weg für Fortgeschrittene. Ohne die bewusste Überwindung des Gesetzes der Polarität bist du, wie wir gesehen haben, ein *reagierendes* Wesen. Du bist dem Pendelschwung zwischen den Gegensätzen hilflos ausgeliefert. Du befindest dich in einem Zustand der Unkenntnis.

Camille: Entschuldige lieber Nichias. Während des soeben Gesagten spüre ich in mir eine innere Wut aufkommen. Ich bin verärgert darüber, dass die große Mehrheit der Menschen, zu der ich mich auch zähle, die ganze Zeit in Unkenntnis belassen wurde, wo doch dieses Wissen seit Ur-Zeiten vorhanden ist.

Nichias: Ich verstehe deinen Unmut. Es gibt mindestens zwei Gründe dafür. Zum einen kannst du eine Person erst dann etwas lehren, wenn ihr Bewusstsein dafür reif ist. Zum anderen bringt es für Gruppen, die im Interesse ihrer Macht über andere agieren, den Vorteil, dass eine unwissende, unbewusste und verängstigte Menschenmasse viel einfacher manipulierbar ist. Doch halte dich nicht damit auf. Das Erwachen des Bewusstseins lässt sich nicht aufhalten, es lässt sich höchstens verzögern. Unsere Gespräche haben ja nicht zuletzt zum Ziel, dass du dieses Wissen als Autorin weiteren Kreisen zugänglich machst.

Camille: Ich bin dir dafür sehr dankbar.

Nichias: Es ist mir eine Ehre. Ein *kreatives* Wesen erschafft – wie beim ersten Weg beschrieben – die Polarität, die es zu leben wünscht, oder befreit sich – wie beim zweiten Weg beschrieben – von den Gegensätzlichkeiten, indem es in die Mitte kommt. Beim dritten Weg überwindet es die Polarität, indem es den Pendelschwung außer Kraft setzt und somit das Spiel der Gegensätzlichkeiten gänzlich auflöst.

Camille: Das hört sich ja vielversprechend an.

Nichias: »Schließe bitte noch einmal für einen Moment deine Augen. Setz dich aufrecht und entspannt hin und nimm ein paar tiefe und sanfte Atemzüge. Richte deine Aufmerksamkeit wieder darauf, was in dir lebendig ist. Schenke störenden Gedanken keine Aufmerksamkeit mehr und wende dich alsbald deinem Innern zu. Denn so außen wie innen, existiert dein Innen einen Augenblick lang ohne dein Außen, während sich die Zeit im Vorher und Nachher zu einer dauerhaften Bewegung verschmilzt und im ewigen JETZT die Auflösung findet, damit du nunmehr den Rhythmus des Pendelausschlags auflösen kannst, wo sich auch der Rhythmus im ewigen Augenblick verliert und du in einen neuen Schwung des Lebens jenseits des Pendels eintrittst. Mit Schwung nimmst du dem Pendel seine Macht über den Rhythmus deines Lebens … wodurch du immer mehr Meisterin über dein Leben wirst, Pendel hin oder her … spüre, wie du dich schon gänzlich entspannt hast und dein Verstand seinen Widerstand vollends aufgegeben hat ob so viel Wesentlichem, das seinen Kleingeist bei weitem übersteigt. Darum kann der Kleingeist nun endgültig loslassen und das Denken dem All-Geist überlassen.«

»Du sitzt nun aufrecht und völlig entspannt da … frei in einem größeren Bewusstsein, dein Ziel zu verwirklichen: den Pendelschwung zwischen Furcht und Mut aufzuheben und somit die Gegensätzlichkeiten überhaupt zu überwinden. Du spürst bereits, dass dich dieser Vorgang in einen viel tieferen inneren Frieden führt. Alle Konflikte der Gegensätzlichkeiten, das Drama des ständigen Hin und Her und Auf und Ab darf sich nun nachhaltig auflösen.«

»Wie du nun rundum entspannt dasitzt, lade ich dich dazu ein, deine Hände mit den Handflächen nach oben auf deine Knie zu legen oder dir dies einfach vorzustellen, ohne es wirklich zu tun. Beides ist absolut in Ordnung.«

»Lege nun die Furcht auf die eine, nach oben gerichtete Handfläche. Betrachte die Furcht dann wiederum völlig neutral, schaue genau hin, denn es geht keineswegs darum, sie zu verneinen oder zu verdrängen, denn dadurch würdest du ihr nur zusätzliche Energie verleihen ... betrachte sie absolut urteilsfrei ... sie drückt bloß den einen Pol der Polarität aus und es geht keineswegs darum, sie als »schlecht oder böse« zu verurteilen ... stelle dessen Präsenz einfach fest, sie ist bloß das eine Extrem des Spektrums, nicht mehr und nicht weniger ... nimm diesen Ausdruck des Spektrums einfach wahr, denn wahr ist, dass auch er nur ein Aspekt der polaren Wirklichkeit ist, denn beide Pole sind gleich-wertig ... du löst dich jetzt völlig von deiner urteilenden Haltung und gehst in eine wahrlich neutrale, unparteiische und unbefangene Geisteshaltung über, wo nichts mehr besser oder schlechter, gut oder böse ist, sondern bei der die Gegensätze einfach als solche angenommen werden, damit sie sich alsbald auf einer übergeordneten Ebene auflösen können ... Du spürst, dass beide Pole Teile der Formenwelt sind und gegensätzliche Aspekte in dir zum Ausdruck bringen ... betrachte also noch einmal genau die Furcht, die dank deiner unparteiischen Haltung ihre furchteinflößende Wirkung bereits verloren hat ...«

»Lege jetzt auf deine andere Handfläche den Mut und betrachte ihn ebenfalls aus einer neutralen, unparteiischen, inneren Haltung heraus. Auch er ist Teil der gegensätzlichen Wirklichkeit, ist weder besser noch schlechter, er ist ganz einfach so wie er ist ... Du hast Mut gebraucht, um die Furcht genau anzuschauen und stellst nun vielleicht ernüchtert fest, wie sehr du vielleicht in Wirklichkeit die große Kraft deines Mutes gefürchtet hast ... Schau den Mut wahrhaftig und furchtlos an und anerkenne seine grenzenlose Kraft, das Leben in Bewegung zu versetzen und im Fluss zu halten ... hast du dich nicht bisweilen hinter deiner Furcht versteckt, um nicht von der Lebenskraft des Mutes wachgerüttelt zu werden? Schau dir den Mut wahrlich an und gestehe dir ein, dass du mit ihm das Neue nicht mehr zu fürchten brauchst und dass der Mut die Angst vor dem Neuen das Fürchten lehrt ... schau den Mut noch einmal furchtlos an und los geht's mit der Auflösung der Extreme in deinem Leben ... «

»So sitzt du nun da, auf der einen Seite vor dir die Furcht, die schon beinah das Fürchten gelernt hat … und auf der anderen Seite der Mut, der das Fürchten losgeworden ist. Stell dir nun eine Linie zwischen den beiden Handflächen und den beiden Polen vor … Sie bildet die Grundlinie eines entstehenden Dreiecks, während sich irgendwo über deinen Handflächen, vielleicht auf der Höhe deines Herzens oder deines dritten Auges oder auch anderswo ein dritter Punkt, jenseits von Furcht und Mut bildet … lass es einfach geschehen und richte deine ganze Aufmerksamkeit auf den neu entstehenden dritten Punkt in der Dreiecksspitze, wie in einem »Nullpunkt« … und spüre, was hier nun, jenseits der Gegensätze, wo sich die Pole vereinen und sich zugleich in etwas Größeres auflösen. Die beiden Gegensätze gehen in etwas Neues über, wie in einen übergeordneten, allumfassenden Zustand, jenseits der Gegensätzlichkeiten. Ich lade dich jetzt ein, in diesen neuen, gewissermaßen kosmischen Zustand hinein zu spüren und wenn er präsent ist, so sag es mir.«

Camille: Ich spüre wie eine Art All-Macht. Sie ist um vieles größer und umfassender als die ursprünglichen Gegensätze, schließt sie mit ein, geht aber um ein weites über sie hinaus. Diese All-Macht liegt jenseits davon und überall zugleich. Ich fühle mich geborgen und ewig aufgehoben in diesem allumfassenden Zustand, losgelöst vom Spannungsfeld zwischen den Gegensätzen in einer Art schwereloser Einheit und tiefem Frieden.

Nichias: »Ausgezeichnet. Bleib noch für eine Weile in diesem allumfassenden Zustand jenseits der Gegensätze, völlig frei im Nullpunkt und genieß es in vollen Zügen, denn du bist dabei, dich aus den Begrenzungen der Polarität zu lösen und in die Eigenschaften des All-Seins überzugehen, absolut frei vom Spannungsfeld der Gegensätzlichkeiten. Lass dieses Erleben noch einen Augenblick in dir gedeihen, jenseits von Wirken und Werden. Möge es sich fortan im Großen wie im Kleinen, überall und allzeit entfalten.

Nun, wo sich das Erlebte tief in dir verankert hat und du es jederzeit wieder in dir aktivieren kannst, sobald du dies wünschst ... Es genügt dazu, an die Spitze eines Dreiecks zu denken, damit sich das Erlebte alsbald aktiviert und in seiner befreienden Wirkung auf dich ausstrahlt. Du kannst nun allmählich wieder übergehen in dein Alltagsbewusstsein, vielleicht deine Füße oder Hände oder andere Glieder recken und strecken oder deinen Rücken dehnen, wie es dir beliebt, um nun auch deine Augen wieder zu öffnen und mit klarem Blick in die Welt zu blicken und in Klarheit und Wahrheit in der Welt zu leben.«

Camille (mit den Augen blinzelnd, wie verzaubert): Dieser tiefe, innere Frieden, diese Freiheit jenseits aller Begrenzungen, diese Weite und unermessliche Kraft, die ich verspüre, ist mit Worten nicht annähernd beschreibbar. Es ist, als wäre ich in das kosmische Vertrauen heimgekehrt, wo weder Angst noch Zweifel existieren. Alltagssorgen sind so weit in die Ferne gerückt, dass ich sie nicht einmal mehr mit dem Fernglas erspähen kann. Ich fühle mich wie in einer schwerelosen Ausgeglichenheit jenseits der Spannungen zwischen den Extremen. Ich fühle mich grenzenlos, ewig und frei.

Nichias: Du bist im Zustand der Liebe angekommen. Denn du hast soeben drei wesentliche Charakteristika der Liebe beschrieben.

Camille: Weshalb hat der All-Geist unter Anwendung dieses Prinzips eine Welt der Gegensätzlichkeiten wie Licht und Schatten erschaffen.

Nichias: Gehen wir einmal davon aus, die Gegensätzlichkeiten würden nicht existieren und du lebtest einzig und allein im Licht. Du wärst dann zwar allzeit im Licht, wärest dir dessen aber nicht bewusst. Erst, indem du die Erfahrung des Gegensatzes, also des Schattens, machst, wirst du dir des Lichtes bewusst. Damit wirst du zur bewussten Verlängerung der Schöpferkraft in der Welt der Formen. Du hast alsbald die Wahl, ob du deine irdischen Erfahrungen im Licht oder Schatten erschaffen willst. Du machst so lange Erfahrungen im Schatten, bis du dich irgendwann entschließt, hauptsächlich oder nur noch lichtvolle Wirklichkeiten zu erschaffen, um den Gegensatz von Licht und Schatten alsbald aufzulösen.

Camille: Ich erkenne allmählich die wesentliche Bedeutung dieses Prinzips.

Nichias: Solange du mit zwei Augen in die Welt schaust, siehst du mit dem einen Licht und mit dem anderen Schatten. Schließt du ein Auge, so siehst du nur Schatten. Schließt du das andere, so erblickst du nur Licht. In beiden Fällen siehst du nur die eine Hälfte der Wahrheit. Erst, wenn du mit dem einen Auge des Herzens siehst, offenbart sich dir das reine All-Licht, jenseits von Licht und Schatten.

Camille: Das hast du wunderschön gesagt. Und dieses reine Licht – ich erlebe es wie eine Art Kristall-Licht – löst die Polarität von Licht und Schatten in einer höher liegenden Einheit, jenseits der beiden Pole auf.

Nichias: Du bist dann heimgekehrt in die ruhende Kraft des Seins, in der höchsten, präsenten Schwingungsfrequenz, frei vom Pendelschwung des Rhythmus von einem Extrem ins andere. Du hast dich damit vom Gesetz der Polarität befreit oder eben geheilt. Denn jede Heilung ist schließlich die Befreiung von einer Begrenzung.

Wendest du dieses Wissen tätig an, so ermächtigst du dich wieder selbst, eine Meisterin der

Energien zu werden und schaffst in der Folge ein reines Energiefeld, aus dem – unter Anwendung des Prinzips der Anziehung – reine Lebensformen entstehen können.

Camille: Ich bin dann in die ursprüngliche Reinheit meines Wesens zurückgekehrt und lebe wahrlich im Herzen. Ich bin mir dann bewusst, dass mir in Wirklichkeit nur »Gutes« widerfährt, auch wenn ich scheinbar etwas »Negatives« erlebe, denn die beiden Extreme bedürfen einander, um vollkommen zu sein. Die Polaritäten zu vereinen, bedeutet daher keineswegs, sie zu verdrängen, sondern sie als vollkommenen Teil des Ganzen zu anerkennen und zu integrieren. Ich nehme dann eine *wertfreie* Haltung in meinem Leben ein.

Nichias: Hast du das Prinzip der Polarität wahrlich erkannt, so offenbart sich dir das Wissen und die Weisheit, dass sich *alles in allem eint.*

Das Prinzip von Rhythmus

Alles bewegt sich in einer Pendelbewegung
von einem Pol zum anderen,
immer hin und her.

Camille: Ich spüre, dass dieses Prinzip mein Weltverständnis abermals beträchtlich erweitern wird.

Nichias: Alle Prinzipien wirken zeitgleich und gemeinsam. Ihre Wirkung formt die Erscheinungswelt ebenso auf geistiger wie auf materieller Ebene. Erkennst du die Prinzipien und wendest sie als tätige Schöpferin von Realitäten an, so erschließt und offenbart sich dir die allumfassende Wirklichkeit des Lebens.

Camille: Seit wir uns über die Prinzipien des Lebens im Universum unterhalten, geht es mir so, als ob sich mir ein tiefgreifender Blick hinter die Kulissen des Lebens eröffnen würde. Lass mich einen Vergleich mit der siebten Kunst anstellen. Es ist, als sähe ich nunmehr den fortlaufenden Film und das Making Off zugleich. Außerdem wirke ich in den unterschiedlichen Rollen simultan: als Drehbuchautorin, Filmemacherin und Schauspielerin innerhalb der zahlreichen Kulissen des Lebens. Letztlich als Lebenskünstlerin, die vielfältige Wirklichkeiten in bewusster Anwendung der Gestaltungsprinzipien des Lebens kreiert. Ich bin keine *reagierende*, sondern eine schöpferisch *agierende* Lebenskünstlerin. Ich fühle mich unglaublich frei!

Nichias: Du schöpfst dann aus dem unermesslichen Reichtum des Universums und deine Welt ist vielfarbig und klangvoll.

Camille: Eine solche Realität ist prickelnd und freudvoll. Ich lass dich gern das Prinzip des Rhythmus erörtern.

Nichias: Es enthält die Wahrheit, dass sich in allem eine Bewegung zeigt: Hin und Her, Ein und Aus, Vorwärts und Rückwärts und viele mehr. Diese Pendelbewegung ist im gesamten Universum gültig und wirkt durch alle Ebenen. Ein schönes Beispiel für eine solche Bewegung sind die Gezeiten, die immerwährende Bewegung zwischen Ebbe und Flut.

Dieses Prinzip wirkt bei allen Erscheinungen zwischen zwei Polen, ebenso auf der physikalischen wie geistigen Ebene. Das Prinzip des Rhythmus ist, wie wir bereits gesehen haben, eng mit dem Prinzip der Polarität verbunden. Denn der Rhythmus offenbart sich zwischen den beiden Polen im Rahmen des Prinzips der Polarität. Er tut dies in allen Erscheinungsformen des Lebens: Sonnen (Sterne), Menschen, Tiere, Pflanzen, Mineralien, Energie, Kräfte, Geist und Materie.

Camille (lacht): Ich sehe, nichts aber auch gar nichts entgeht ihm.

Nichias: Das Prinzip entfaltet sich zum Beispiel in der Schöpfung und Zerstörung von Welten. So offenbart sich der All-Geist in einem kontinuierlichen Ausgießen und Einziehen, dem Aus- und Einatmen des UR-Geistes. Universen werden erschaffen, streben ihrem Pol höchster materieller Dichte zu, um darauf zu ihrem anderen Pol höchster Feinstofflichkeit zu schwingen. Sonnen, beziehungsweise Sterne, treten ins Dasein und sobald sie sich auf der Höhe ihrer Kraft befinden, setzt der Prozess des Rückgangs zu einer toten Masse von Materie, oder eben zu erlöschenden Sternen, ein. Das Prinzip des Rhythmus schafft so alle Lebenszyklen im Universum. Das ganze Leben IST in diesem Rhythmus. Die andauernde Wellenbewegung einer Brandung ist Ausdruck dieser grundlegenden, rhythmischen Bewegung im Universum. Alles befindet sich permanent in rhythmisch-zyklischen Bewegungen: die Jahreszeiten kommen und gehen, Tage und Nächte folgen sich, die Gestirne drehen sich stets um ihre eigene Achse und in einer Kreisbewegung, Sonnen explodieren und implodieren, um abermals zu explodieren. Das Universum atmet ein und aus. Wobei zu erwähnen ist, dass dabei natürlich auch das Prinzip der Anziehung und Abstoßung zugleich wirkt.

Camille: Wenn ich richtig verstehe, erklärt dies nicht nur den Aufstieg und Niedergang von Hochkulturen und Nationen, sondern auch aller Arten von kulturellen oder ideologischen Bewegungen, Philosophien, Glaubensrichtungen bis hin zu den Modeerscheinungen.

Nichias: Genau. Das Leben IST, doch alles Lebendige im Dasein wird und vergeht, wächst und stirbt und wird abermals neu geboren. So verhält es sich mit allem, denn alles befindet sich in einem immerwährenden Prozess von Geburt, Wachstum, Reife, Niedergang, Tod und erneuter (Wieder)Geburt.

Camille: Wir können folglich das Schwingen des Pendels überall beobachten. Alles ist in Bewegung, denn jede Bewegung hat teil am Rhythmus. *(Erheitert)* Ich blicke immer mehr durch, je mehr ich mich durchblicken lasse.

Nichias: Unaufhörlich ist der rhythmische Schwung von einem Pol zum anderen am Werk. Unermüdlich ist das universale Pendel in Gang.

Camille: Ich kenne die Auswirkungen zur Genüge in der wechselnden Folge von Stimmungen, Gefühlen und Empfindungen. Ich werde dann wie ein Gegenstand in der Brandung hin und her gewirbelt.

Nichias: Es ist in der Tat wichtig, dass du dich aus den Turbulenzen der Brandung löst. Doch bevor wir näher darauf eingehen, möchte ich noch auf das Prinzip der Kompensation zu sprechen kommen.

Camille: Tu dies gern. Ich kann meine Ungeduld noch eine Weile im Zaun halten.

Nichias: Danke. Hierbei geht es darum, dass das Schwingen in die eine Richtung auch das Schwingen in die entgegengesetzte Richtung bestimmt. Das eine hält demzufolge das andere im Gleichgewicht beziehungsweise im Gegengewicht. Dies zeigt sich in allen Erscheinungsformen des Rhythmus: Das Pendel einer Standuhr schwingt ein bestimmtes Stück nach rechts und in genau gleichem Masse ein Stück nach links. Die Jahreszeiten oder die Gezeiten der Ozeane halten sich nach dem gleichen Prinzip im Gleichgewicht. Überall beobachten wir die Wirkung dieses Prinzips. Wird zum Beispiel ein Gegenstand mit einer bestimmten Kraft in die Luft geschleudert, so wird jene Kraft beim Fall wieder erzeugt. Auch dieses Prinzip ist ebenso auf physikalischer wie geistiger Ebene wirksam. Kannst du große Freude leben, so bist du auch großem Leid unterworfen. Gleichermaßen gibt es Temperamente, die sich nur wenig freuen können, dafür aber auch wenig Schmerz empfinden. Die Kompensation kommt in allem zur Wirkung und wirkt innerhalb des Prinzips des Rhythmus.

Camille *(etwas konsterniert)*: Heißt das andersherum nicht auch, dass ich ein bestimmtes Maß an Freude erst dann erleben kann, wenn ich auch dementsprechend die Erfahrung des Schmerzes gemacht habe.

Nichias: In der Tat. Nur ist es so, dass der negative Pol dem Positiven immer vorausgeht und nicht umgekehrt.

Camille: Dann ist die Angst, dass der Freude immer Leid folgen muss, unbegründet.

Nichias: Ja, genau. Nach einem gewissen Maß an Freude brauchst du diese nicht mit dem entsprechenden Maß an Schmerz zu zahlen.

Camille: Da bin ich aber erleichtert.

Nichias: Vergiss dabei nicht, dass die Ursache für die Kompensation eines rhythmischen Schwungs für ein Leiden auch in einer früheren Verkörperung liegen kann.

Camille: Hat das Prinzip der Kompensation somit einen Einfluss auf den Verlauf des Karmas?

Nichias: Ja natürlich. Die kosmischen Prinzipien wirken über die verschiedenen Inkarnationen hinweg. So agieren Kompensation, Rhythmus sowie Ursache und Wirkung über die verschiedenen Verkörperungen hinweg, was wir ja auch das Wirken des sogenannten Karmas nennen. Karma ist dementsprechend nichts anderes als die Folge, Wirkung und Rückwirkung der kosmischen Gesetze auf einen Menschen im Verlauf der einander folgenden Verkörperungen. Lass mich einen Vergleich anstellen: Das Leben entspricht einem Buch, in dem es viele Kapitel oder eben verschiedene Verkörperungen gibt. Je nachdem, was sich in einem der Kapitel ereignet, so hat dies Folgen für das oder die nächsten Kapitel und dementsprechend entwickelt sich eine Geschichte in die eine Richtung oder in eine andere. Wie wir beim Gesetz von Ursache und Wirkung sehen werden, hast du zum Beispiel in einer Verkörperung eine Ursache für eine spätere oder sogar mehrere spätere Kapitel gelegt, um das Erlebte auf der entgegengesetzten Seite des Pendelschwungs auszugleichen.

Camille (scherzend): Und ein Buch besteht wahrlich nie aus nur einem Kapitel. Karma ist also nicht die Folge des Urteils einer höheren Instanz.

Nichias (lacht): Aber nein! Ein strafender Gott ist die Erfindung von verirrten Geistern, die damit zwar äonenlang der Menschenmasse Angst eingeflößt haben. *(Amüsiert)* Wie kann ein liebender Gott strafen? Bei solch widerspenstigem Unsinn lacht sich sogar Gott krumm.

Camille: Nur ist ihm bisweilen mit den Menschen das Lachen vergangen.

Nichias: Aber nein. Er lässt sich seinen allberühmten göttlichen Humor nicht nehmen. Es geht hierbei einzig um das Wirken von Gesetzmäßigkeiten! Wie ich vorhin ausgeführt habe, handelt es sich bei den verschiedenen Verkörperungen bloß um Teile eines immerwährenden Lebens, vergleichbar mit den unterschiedlichen Folgen einer Kultserie, die aber immer mehr zum Kult eines göttlichen Lebens wird.

Camille: Können wir jetzt darauf zurückkommen, wie ich das Prinzip von Rhythmus überwinden kann?

Nichias: Ja, gern. Es ist wahrlich wichtig, dich nicht mehr vom Pendelschwung des Auf und Ab und Hoch und Tief mitreißen zu lassen.

Camille: Viele Menschen, und dabei schließe ich mich mit ein, sind von ihren schwankenden Stimmungen, Gefühlen und Empfindungen abhängig. Auf eine Phase des Enthusiasmus folgt Niedergeschlagenheit, einer großen Portion Mut folgt ebenso viel Angst, meistens ohne den Grund dafür zu erkennen.

Nichias: Der Schlüssel dazu liegt im Meistern der rhythmischen Gefühlsschwingung, sodass du nicht mehr von den Gezeiten willenlos hin und her getrieben wirst. *Du kannst das Gesetz nicht außer Kraft setzen*, denn das Pendel schwingt immerfort, *doch du kannst dich seinen Wirkungen entziehen.*

Camille: Ich verstehe, doch wie tue ich das?

Nichias: Durch Neutralisierung und indem du dich auf eine höhere Ebene des Selbst begibst. Die Neutralisierung funktioniert so, dass du dir der Wirkung von Rhythmus auf deinen Geistes-zustand bewusst wirst und dich willentlich auf die gewünschte Polarität anhebst. Dadurch bleibt dein Schwingungsfeld stabil und der Rückschwung des Pendels zur anderen Polarität berührt dich nicht mehr.

Camille: Ich bleibe also zum Beispiel mit meiner ganzen Aufmerksamkeit auf der Polarität des Mu-tes und schenke dem Rückschwung des Pendels auf die Furcht einfach keine Beachtung. Ich lass es geschehen, ohne die Bewegung mitzumachen, etwa so wie ich das Vorbeiziehen von Wolken be-merke, ohne ihnen deshalb meine Aufmerksamkeit zu schenken und ohne mich damit zu identifizieren. Dadurch berührt mich der Rückschwung des Pendels nicht mehr.

Nichias: Ich sehe, du hast es erfasst. Du kannst dieses Prinzip, das Teil der geistigen Alchemie ist, übrigens auch dazu anwenden, deinen Körper von Tod und Zerfall zu befreien und die Verjüngung der Zellen zu bewirken.

Camille (verwundert): Das ist ja toll.

Nichias: Du kannst das Prinzip des Rhythmus auch dadurch meistern, indem du es zum Ruhepol bringst. Dabei erreichst du einen Punkt beziehungsweise eine Ebene, die außerhalb und frei von Polarität und Rhythmus existiert. Hier liegt außerdem der Schlüssel zur Heilung des männlichen und weiblichen Prinzips, auf das wir später noch eingehen werden.

Camille: Da freue ich mich drauf.

Nichias: In jenem Ruhepol kann dann ein stabiles Frequenzfeld entstehen.

Camille: Auf welches das Gefühls-Jo-Jo keinen Einfluss mehr hat.

Nichias: Genau. Dieser ruhende Pol entspricht deiner reinen Herzfrequenz und ist ein »Raum«

der vollkommenen Einheit, des Einklangs und der reinen Harmonie. *Wenn du im ruhenden Pol inmitten der Zyklen der Bewegung verweilst, bist du in der Leichtigkeit der reinen Herzfrequenz angekommen.* Die Bewegung geht weiter, aber du machst sie nicht mehr mit und bist ihr somit nicht mehr ausgeliefert.

Camille: Das hört sich sehr erhaben an. Dennoch kann ich mir diesen Zustand noch nicht so richtig vorstellen.

Nichias: Du wirst diesen Zustand schon bald erproben können.

Camille: Ich beginne allmählich zu verstehen, warum du wiederholt gesagt hast, dass die Überwindung der Prinzipien von Polarität und Rhythmus von besonderer Wichtigkeit sind.

Nichias: Und wie du erkannt hast, ist das Prinzip der Bewegung gewissermaßen ein Teil der Polarität, so dass es genügt, vor allem die Prinzipien der Anziehung und der Polarität aktiv anzuwenden, um dein Leben bewusst und frei gestalten und in deinem wahren Wesen leben zu können.

Camille: Die anderen Prinzipien wirken simultan und kommen durch die Gesetze von Anziehung und Polarität zum Ausdruck.

Nichias: Und du wirst dadurch zur Meisterin über dein Leben und über die Materie. Ihre Anwendung soll indessen immer deinem Wohle und dem Wohle des Ganzen dienen und frei von Selbstzweck sein, ansonsten schaffst du damit erneutes Karma, das du wiederum ausgleichen musst. Wie gesagt kannst du dich damit auch von der Illusion des Vergehens und des Zerfalls deines Körpers befreien.

Camille: Das ist wahrhaftig kein Pappenstiel.

Nichias: Ich schlage dir vor, das Meistern des Rhythmus durch folgende Erfahrungen zu erproben.

Camille: Mit Freude.

Nichias: Ich rufe nochmals in Erinnerung, dass *die Prinzipien der Polarität und des Rhythmus unzertrennlich miteinander verbunden* sind, sodass du das eine ohne das andere nicht überwinden kannst. Ich schlage vor, dabei die Polarität Stress/Hektik – Gelassenheit/Ruhe zu verwenden.

»Setz dich entspannt und aufrecht hin. Atme mehrmals tief und sanft ein. Du kannst abermals die Gelegenheit nutzen, bei jedem Ausatmen, deine alltäglichen Sorgen und Ängste loszulassen, sodass du dich entspannen und von der Hektik des äußeren Lebens befreien kannst. Du hast beschlossen, dich aus dem aufreibenden und unermüdlichen Auf und Ab zwischen Stress-Hektik und Gelassenheit-Ruhe loszulösen. Du hast vielleicht schon gemerkt, dass sich der Zustand des Stresses besonders schädlich auf dein Gemüt und deinen Organismus auswirkt … natürlich ist es sinnvoll, die Ursachen für den Stress zu beseitigen, indem du sie im Bewusstsein erkennst, doch du kannst schon jetzt unmittelbar in den sehnlich erwünschten Zustand der Gelassenheit übergehen … dazu kannst du dir jetzt vor deinem geistigen Auge eine Art von kosmischer Leiter vorstellen. Die Leiter besteht aus unzähligen Sprossen und jede Sprosse drückt eine Schwingungsfrequenz aus … Neben der kosmischen Leiter erkennst du nun eine Art Fahrstuhl, welcher der Frequenzleiter entlang unablässig auf- und abfährt. Du kannst nun auf dem unteren Teil der Leiter eine Sprosse ausfindig machen, welche die Schwingung des Stresses zum Ausdruck bringt. Beobachte einen Augenblick lang, wie dieser Zustand auf dich wirkt, welche Auswirkungen er auf deinen Körper hat … welche Körperempfindungen du dabei hast, vielleicht ein Drücken in deiner Magengegend oder in deinem Solarplexus, vielleicht spürst du einen erhöhten Pulsschlag oder einen kurzen oberflächlichen Atem … nimm es einfach wahr, ohne jegliche Bewertung … Spüre auch, welche anderen Gefühle gerade präsent sind, vielleicht die Angst nicht auf der Höhe zu sein oder etwas nicht gewachsen zu sein, oder aber ein Gefühl der Ohnmacht oder irgendein anderes Gefühl ... du bist dir völlig bewusst, was in deinem Inneren lebendig ist, so dass du nun aus freien Dingen und mit deiner ganzen Willenskraft entscheiden kannst, in den anderen Pol – die Gelassenheit und Ruhe – zu gehen. Vor dir sind noch immer die kosmische Frequenzleiter und daneben der Fahrstuhl, in den du jederzeit einsteigen kannst, wenn du dich dafür entscheidest, um zum entsprechenden anderen Gegensatz der Polarität zu fahren. Du kannst dich jetzt dafür entscheiden und trittst entschlossen in den Fahrstuhl ... in dessen Inneren siehst du zahlreiche Knöpfe ... du drückst auf den Knopf Gelassenheit/Ruhe und der Fahrstuhl setzt sich in Bewegung ... er fährt der Frequenzleiter entlang nach oben, bis du auf der Sprosse der Gelassenheit und Ruhe angekommen bist ... du trittst nun aus dem Fahrstuhl und gehst unmittelbar in den Zustand der Gelassenheit und Ruhe über ... du spürst dich in Ruhe tief atmen, deine Muskeln sind völlig entspannt und du nimmst wahr, dass sich die Schwere in deinem Körper in eine friedvolle Leichtigkeit verwandelt ... du befindest dich nun in einem tiefen, friedvollen Zustand der Ruhe und Gelassenheit, die du in vollen Zügen genießt, völlig unabhängig davon, was in der Außenwelt geschieht ... du bist mutig aus dem Fahrstuhl gestiegen in der festen Entschlossenheit, nunmehr im Zustand der Ruhe und Gelassenheit zu verweilen ... deine ganze Aufmerksamkeit ist umgehend auf deinen inneren Frieden, die tiefe Ruhe und Gelassenheit in dir gerichtet und nichts in der Welt kann dich mehr davon abbringen. Du hast dich fest entschlossen, die Bewegung des Fahrstuhls, der womöglich schon demnächst wieder nach unten zum Pol des Stresses und der Hektik fährt, nicht mehr mitzumachen ... somit steigst du nicht mehr in den Fahrstuhl ein ... auch wenn dieser sich wieder auf die Fahrt nach dem Pol und der Frequenz des Stresses und der Hektik macht. Du bist und bleibst entschlossen auf dem Pol der Gelassenheit, während der Fahrstuhl weiterhin seine Fahrten von der Sprosse des Stresses zur Gelassenheit hin und zurück unermüdlich weitermacht ... du steigst einfach nicht mehr in den Fahrstuhl ein, sodass der Fahrstuhl die unablässige Fahrt ohne dich weitermacht und du völlig frei von seinen Bewegungen geworden bist. Deine starke Willenskraft und Entschlossenheit reichen aus, dich von seinen Bewegungen zu lösen und fortan allzeit in der Gelassenheit und Ruhe zu verweilen. Überdies spürst du immer deutlicher, welche wohltuenden Folgen dies auf deinen Körper, auf deine Gefühle und deinen Geisteszustand hat und wie unbeschreiblich angenehm dies ist. Du fühlst dich so sehr wohl dabei, dass es für dich absolut klar wird, dass du unter keinen Umständen mehr in den Fahrstuhl steigen willst, unabhängig davon, ob deine Umgebung immer wieder nach unten in den Stress fährt und sich dabei ihre Gesundheit ruiniert. Das ist ihre freie, wenn auch oft unbewusste Wahl, so wie es nun deine absolut freie Wahl ist, in der vollkommenen und reinen Schwingungsfrequenz der Gelassenheit und Ruhe zu verweilen, weil du mit deiner Willenskraft deine Aufmerksamkeit allzeit auf Ruhe, inneren Frieden und Gelassenheit richtest ... Du bist losgelöst und frei von dem Auf und Ab der Gefühle. Du bist frei in demjenigen Zustand zu leben, den du wünschst und bewusst wählst ... Du lässt den Fahrstuhl oder eben das Pendel seine Bewegungen alleine und ohne dich weitermachen, während du gelassen in der Frequenz und im Zustand verweilst, den du wählst.«

Camille (sanft): Es wirkt so wohltuend, dem Fahrstuhl die Freiheit zu geben, seine Fahrten zwischen den Extremen, ohne mich zu vollziehen. Das ist genial und einfach zugleich. Meine einzige Verantwortung liegt darin, mit all meiner Willenskraft meine ganze Aufmerksamkeit auf den Pol und den damit verbundenen Zustand zu richten, den ich mir wünsche. Ich fühle mich dabei viel freier und leichter.

Nichias: Du kannst nun spüren, wie sich dein Frequenzfeld stabilisiert. Außerdem wirkt zugleich das Gesetz der Anziehung und erschafft die entsprechenden Spiegelungen im Äußeren, die wiederum willkommene Rückwirkungen auf dich haben. *Du hast dich von der Wirkung des Gesetzes befreit.*

Camille (lacht): Ja, das Pendel darf ruhig ohne mich schwingen. Denn so lebt sich beschwingter denn je.

Nichias: Vielleicht bist du dir darüber im Klaren, ob du lieber ein Leben in Ruhe und Gelassenheit oder in Stress und Hektik leben möchtest. So kannst du die entsprechende Wahl treffen und mit deiner Willenskraft diese Wirklichkeit nachhaltig in deinem Leben erschaffen.

Camille: Für mich ist die Wahl definitiv klar.

Nichias: Wenn du möchtest, kannst du noch eine weitere Erfahrung machen. Ich nenne sie mal: »Von den Extremen der Pole in den Ruhepol kommen«.

Camille (begeistert): Ja, gern. Das hört sich interessant an.

Nichias: Ich schlage vor, dich diesmal aus dem Pendelschwung zwischen den Polaritäten Schlecht und Gut zu lösen.

Camille: Toll. Ich bin mit dabei!

Nichias: »Setz dich bitte erneut entspannt und aufrecht hin. Atme tief ein und aus. Lass den Atem mit Sanftheit in dich einströmen … bis in deinen Bauch, so dass sich allmählich eine entspannte

Bauchatmung einstellt, die deinen Organismus aufs Beste mit Sauerstoff nährt. Deine Muskeln sind völlig entspannt und in deinem Körper breitet sich ein Wohlfühlen aus ... du kannst dieses Wohlfühlen unendlich genießen. Lass nun noch die letzten Spannungen los, du brauchst nichts zu tun. Dein Verstand, der über Jahrzehnte getrimmt wurde, alles mit Gut oder Schlecht zu bewerten kann sich einen Augenblick lang ausruhen, während du dich abermals deinem Inneren, dem Kern deines Wesens, zuwendest und deine ganze Aufmerksamkeit in dich hinein richtest.

Stell dir nun vor, wie du aufrecht stehst und die beiden Arme auf Schulterhöhe seitlich mit den Handflächen nach oben ausstreckst. Lege nun das eine Extrem, das Schlechte, auf die linke Handfläche und beobachte es neutral, nimm dessen Existenz einfach an, ohne darüber zu urteilen. Es ist so, wie es ist und wie es ist, so ist es, darum lass es einfach so sein, wie es ist, frei von Urteil und Bewertung. Es ist ein Teil der Realität, nicht mehr und auch nicht weniger. Jetzt leg auf die zweite Handfläche das andere Extrem, das Gute, und betrachte es ebenfalls urteilsfrei, aus einer neutralen Haltung heraus. Beobachte und nimm wahr, wie es ist ... du wirst dir vielleicht jetzt bewusst, wie sehr dein Verstand darauf konditioniert wurde, alles im Leben mit Gut und Schlecht zu bewerten und aufgrund dessen dauernd über die Dinge und Menschen um dich herum zu urteilen oder sie gar zu verurteilen. Du merkst vielleicht jetzt auch, dass du diesen Vorgang wie ein programmierter Automat ausgeführt und dein Urteil die ganze Zeit auf Dinge und Menschen projiziert hast ...

Stell dir nun vor, wie eine große liegende Acht, eine Lemniskate, deine Hände verbindet, während der Mittelpunkt präzise in deinem Herzen zu liegen kommt. Wenn dieses Bild nun klar und deutlich ist, kannst du wahrnehmen, wie sich eine Art Kugel der Acht entlang vom einen Pol, dem Guten, zum anderen Pol, dem Schlechten, bewegt und sich so eine langsame, aber kontinuierliche Bewegung auf der Acht bildet. Die Bewegung schwingt unaufhörlich die Acht entlang von einem Pol zum anderen.

Nun richtest du deine ganze Aufmerksamkeit auf den Nullpunkt in der Mitte der Acht, in deinem Herzen. Du bleibst völlig konzentriert in diesem Punkt, während die Bewegung zwischen den Polen weiterfährt, doch du schenkst ihr nunmehr keine Beachtung mehr, da deine ganze Aufmerksamkeit nun auf den Ruhepol im Nullpunkt der Lemniskate in deinem Herzen gerichtet ist. Du kannst spüren, wie du gänzlich in diesem ruhenden Pol ankommst, inmitten der Zyklen der Bewegung zwischen den Polen und wie du alsbald in diesem Ruhepol völlig frei von der Rhythmischen Bewegung wirst, und wie jene nun keinen Einfluss mehr auf dich ausübt. Du bist nun völlig im Ruhepol der inneren Mitte in deinem Herzen zentriert, in vollkommenem Einklang, jenseits von Gut und Schlecht, in der reinen Harmonie, in der vollkommenen Einheit. Du bist völlig frei und losgelöst von den Turbulenzen zwischen den so genannten schlechten oder guten Gefühlen, verankert im Ruhepol des Einklangs, der völligen Ausgeglichenheit. Die Bewegung auf der Acht geht weiter, aber du machst sie nicht mehr mit, da du im Ruhepol verweilst, im Herzen der Lemniskate: im Einklang, in Ausgeglichenheit, im Zustand der Reinheit und allumfassenden Liebe, der Leichtigkeit, der tiefen inneren Ruhe … im *EinsSein*. Genieße diese Empfindung so lange, wie du es wünschst. Du spürst nun deutlich, wie sich in dir und um dich herum ein stabiles Frequenzfeld aufbaut, in dem sich das Hin und Her gänzlich aufgelöst hat, denn du bist im Ruhepol deines Herzens angekommen, in dem alles so ist und sein kann, wie es ist, frei vom Drama des Urteilens, in der Ausgeglichenheit und Leichtigkeit des *Seins*.

Du darfst jetzt, wenn du das wünschst, dieses Erlebnis fest in dir verankern. Du brauchst künftig bloß an eine liegende Acht zu denken und unmittelbar stellt sich die Empfindung des Einklangs im Ruhepol der Extreme in deinem Wesen ein.

Komm alsbald in dein äußeres Bewusstsein zurück, im Bewusstsein, dass du zur Meisterin über die Rhythmen und Zyklen geworden bist und jederzeit wählen kannst, was und wie du leben möchtest. Vielleicht verspürst du Lust, deine Finger und Hände zu bewegen oder deine Beine und Füße … ebenso wie deine Augen wieder zu öffnen und ganz im Innen wie im Außen präsent zu sein.«

Camille *(beglückt)*: Ich spüre eine völlige Ruhe und Fülle in meinem Herzen. Ich bin von den Gezeiten der Pole in den Ruhepol umgepolt worden. Die Zeit des unablässigen Hin und Her hat sich im Augenblick des ewigen Seins aufgelöst.

(lang andauernde Stille, tief in sich versunken, wie im Selbstgespräch) Ich habe soeben die lebendige Erfahrung und bewusste Erkenntnis erlebt, wie ich in der Quelle meines wahrhaftigen SELBST verweilen kann. Ich bleibe dabei in der Mitte meines Seins, befreit von der Brandung, die vom einen zum anderen prescht. *Ich habe für Augenblicke die Erhabenheit der Quelle des EINEN Lebens in meinem Herzen gespürt.* Losgelöst von der Schwere und Dichte der Materie, jenseits der Gesetze, welche über die Formenwelt gebieten. Lange habe ich in meinem Leben geglaubt, es würde reichen, wenn ich vom Schlechten und Bösen ins Gute überginge uns so käme ich gewissermaßen in meiner Göttlichkeit an. Nun habe ich erkannt, dass auch dies noch eine Illusion ist, da ich dabei immer noch in der Polarität, die über mein Dasein gebietet, verhaftet bin. In der Mitte meines Herzens gibt es weder das Böse noch das Gute. Es gibt nur noch das Wahrhaftige, das Wesentliche, das Eine und Ewige. Ich habe wahrlich erlebt, was es bedeutet,

das Prinzip der Polarität und des Rhythmus zu überwinden. Dadurch kann ich in die wahre Mitte gelangen, von der aus ich nach dem Prinzip der Anziehung mein Leben entfalten kann. Aus dem Ruhepol des Herzens heraus kann ich in Wahrheit und Freiheit die Liebe und Weisheit sowie alle anderen wesentlichen Eigenschaften des Lebens erschaffen. *Mein inneres Selbst in der ruhenden Mitte des Herzens ist meine göttliche Quelle des Lebens, an der ich mich erquicke und aus der ich schöpfe, während die immerwährende Ur-Quelle durch sie wirkt, stets beide im EINEN und ALLES.*

(Zu Nichias gewandt) Rückwirkend, nach den Erfahrungen, durch die du mich gelenkt hast, stelle ich fest, dass der erste Schritt bei der Überwindung der Gezeiten zwischen den Extremen darin liegt, vom negativen Pol wie Hass, Eifersucht, Schmerz und dergleichen in den positiven Pol wie Liebe, Vertrauen, Mut und Ähnliches überzugehen. Denn vom positiven Pol aus erschaffe ich eine positive Wirklichkeit, die mir und anderen keinen Schaden mehr zufügt. Das ist bereits ein wesentlicher Schritt in ein aufbauendes und sinnvolles Leben. Von daher auch die Wichtigkeit des sogenannten positiven Denkens. Doch ich bin dadurch noch nicht vom Spannungsfeld zwischen den Polen befreit. Der nächste Schritt besteht darin, im positiven Pol zu verweilen, auch wenn sich die Gezeiten auf das entgegengesetzte Ufer zurück bewegen. Mit meiner bewussten Willenskraft halte

ich meine gesamte Aufmerksamkeit auf den positiven Pol gerichtet und gehe die Rückbewegung der Gezeiten nicht mehr mit. Doch ich bin noch nicht wahrlich aus dem Spannungsfeld der Extreme befreit. Erst, wenn ich im nächsten Schritt im Ruhepol zwischen oder jenseits der Pole ankomme und in der Ausgeglichenheit, im Einklang, in der Reinheit des SEINS bin, habe ich mich von den zyklischen Bewegungen zwischen den Polaritäten und von der Polarität als solches befreit. *ICH BIN im Ruhepol des ewigen SEINS im Herzen, in meiner wahren göttlichen Gegenwart, durch die das Leben aus der Ur-Quelle in die Manifestation ausfließen kann. Nunmehr bin ich im wahren Lebensfluss, in der wirklichen Lebensbewegung im SEIN und WERDEN angekommen.*

Nichias (mit freudigem Lächeln): Du hast soeben das wahrhaftige Zeugnis einer lebendigen Erkenntnis abgelegt. Ich danke dir von Herzen dafür.

Das männlich-weibliche Prinzip

Alles hat weibliche
und männliche Prinzipien.
Geschlecht ist in allem
und offenbart sich auf allen Ebenen.

Nichias: Geschlecht ist in allem, denn alles im Universum beinhaltet die männlichen und weiblichen Prinzipien. Geschlecht offenbart sich außerdem auf allen Ebenen. Diese beiden Energien brauchen einander, um innerhalb der schöpferischen Ebene des Werdens wirksam zu werden.

Camille: Da sind wir ja bei einem ganz aktuellen Thema, geht es doch heute insbesondere darum, das Weibliche und das Männliche in ein neues Gleichgewicht zu bringen.

Nichias: In der Tat. Aus diesem Grund werden wir unser Augenmerk besonders auf den Ausdruck des Prinzips in der partnerschaftlichen Beziehung richten. Natürlich ist es schon so, dass in der Welt ein neues Gleichgewicht zwischen den weiblichen und männlichen Energien in allen Bereichen des Lebens erreicht werden soll. Doch bleiben wir vorerst noch einen Augenblick beim Allgemeinen, bevor wir ins Spezielle übergehen.

Wie ich eingangs erwähnt habe, sind die weiblichen und männlichen Prinzipien immer und überall, auf allen Erscheinungsebenen am Werk und zwar auf physischer, geistiger und rein geistiger Ebene. Keine Schöpfung ist ohne dieses Prinzip möglich. Es ist untrennbar mit dem Schöpfungsprinzip verbunden. Von daher ist die göttliche Schöpfung immer eine Manifestation von »Gott-Vater-Mutter« und der Vater- und Mutteraspekt sind dabei nichts anderes als der Ausdruck des männlichen bzw. weiblichen Prinzips auf höchster Ebene.

Camille: Deshalb sprechen wir heute, wenn wir das Göttliche benennen, vielmehr von »Gott-Vater-Mutter«. Der weibliche Aspekt wurde in den vergangenen Jahrtausenden des Patriarchats insbesondere von den kirchlichen Institutionen richtiggehend ausradiert.

Nichias: Da hast du schon Recht. Deshalb sind nunmehr ausgleichende weibliche Energien aktiv und du kannst sie deutlich spüren. Es ist jedoch wesentlich zu wissen, dass alles Weibliche auch das männliche Element und alles Männliche auch das weibliche Prinzip enthält. Somit ist ihre Vollkommenheit stets gegenseitig bedingt.

Camille: Das ist für die »neue« Partnerschaft von erheblicher Bedeutung, doch ich lass dich vorerst weiterfahren.

Nichias: Ich sehe, das Thema Partnerschaft liegt dir besonders am Herzen. Ich versichere dich, wir werden es entsprechend würdigen.

Die Aufgabe des Prinzips des Geschlechts liegt im Erschaffen, Hervorbringen und Zeugen. Seine Offenbarungen sind auf jeder Erscheinungsebene sichtbar. So besteht zum Beispiel auch ein Atom aus der Vereinigung von »männlichen« und »weiblichen« Elektronen oder eben mit positiver und negativer Ladung. Aus ihren Verbindungen und Kombinationen können dann unterschiedliche Erscheinungen wie Licht, Wärme, Elektrizität, Anziehung, Magnetismus und dergleichen entstehen.

Camille: Aus ihrer Verbindung wird letztlich alles Lebendige erschaffen oder alles Lebendige besteht aus ihrer Verbindung.

Nichias: Das männliche Prinzip hat dabei die Rolle, eine bestimmte ihm innewohnende Energie auf das weibliche Prinzip zu richten und somit den schöpferischen Prozess in Gang zu setzen. Das weibliche Prinzip hingegen führt die tatsächliche schöpferische Arbeit aus und zwar auf allen Ebenen.

Camille (frotzelnd): Da sehen wir wieder mal, dass wir Frauen die ganze Arbeit leisten!

Nichias (lacht): Jedes Prinzip hat ohne die Unterstützung des anderen keine Wirksamkeit. Sie bedingen sich immer gegenseitig. Ich nehme deine scherzende Bemerkung als Anlass, um abermals zu verdeutlichen, dass das Männliche keineswegs mit Mann und das Weibliche mit Frau gleichzusetzen ist, das wäre wahrlich eine falsche Schlussfolgerung.

Camille: Ja, natürlich! Obwohl wir diesen Kurzschluss immer wieder mal hören können. In Wirklichkeit ist das Weibliche und das Männliche ein unzertrennliches Ganzes, das jedem Lebewesen innewohnt.

Nichias: Genau. Jedes Wesen besteht aus dem Männlichen und Weiblichen Prinzip und sind diese beiden Energien in Einheit und im Ausgleich, so ist die daraus resultierende Schöpfung harmonisch und vollkommen. Hier liegt auch der Schlüssel zu einer harmonischen und kreativen Partnerschaft. Doch vorerst möchte ich nur noch kurz erwähnen, dass in der organischen Welt alles beide Geschlechter enthält. Das Männliche ist in der weiblichen Form und das Weibliche in der männlichen Form vorhanden.

Die männliche Energie zieht die weibliche an und umgekehrt.

Camille: Die chinesische Philosophie benennt das soeben Gesagte mit dem Yin- und Yang-Prinzip. Doch mir ist nicht ganz klar, ob es sich dabei um ein dualistisches oder gegensätzliches Verhältnis des Weiblichen zum Männlichen verhält.

Nichias: Das ist eine wichtige Fragestellung, denn die gelebte Antwort darauf hat eine entscheidende Wirkung auf die Paarbeziehung, womit wir beim Thema ankommen, das dir so sehr am Herzen liegt.

Camille: Super. Ich bin ganz Ohr. Ich bin mir auch sicher, dass dieser Austausch eine entscheidende Wirkung auf meine partnerschaftliche Liebe haben wird.

Nichias: Das wünsche ich dir von Herzen. Die bewusste und richtige Anwendung des Prinzips des Geschlechts wird dir tatsächlich ermöglichen, eine aufbauende und harmonische Kreativität in der Partnerschaft zu leben.

Zurzeit stelle ich bei vielen Menschen noch eine gewisse Verwirrtheit und Unkenntnis in ihrem Verhältnis zum Prinzip des Männlich-Weiblichen fest. Viele leben diese Beziehung in einer dualistischen Form, was bedeutet, dass das eine vom anderen als getrennt wahrgenommen und erlebt wird. Es ist unmöglich, aus etwas Getrennten eine Einheit zu schaffen. Das ist mitunter ein Grund dafür, warum viele Paare dabei scheitern, eine partnerschaftliche Einheit zu leben. Mit Biegen und Brechen versuchen sie, das Getrennte über Kompromisse zu vereinen und geben irgendwann überfordert und erschöpft auf, weil sie dabei letztlich immer im Konflikt des Getrenntseins stecken bleiben. Sie leben die Beziehung von weiblich-männlich als einen Konflikt, bei dem das Männliche vom Weiblichen getrennt ist und eine Auflösung des Konflikts unmöglich macht. In Wirklichkeit leben sie diesen Konflikt in ihrem Inneren und der Partner oder die Partnerin spiegelt dabei diesen Konflikt im Außen. Ich brauche nicht zu erwähnen, dass sich dabei viele Paare über Jahre hinweg daran aufreiben können und entweder den Schlüssel zur Lösung finden oder eben entmutigt aufgeben, vielfach verbunden mit zahlreichen negativen Gefühlen.

So lange wie die Menschen das Weibliche und das Männliche in einem dualistischen Verhältnis zueinander, also in deren Getrenntsein, wahrnehmen und erleben, wird eine Einheit der beiden unmöglich bleiben. Denn das Männliche und das Weibliche sind in Wirklichkeit unterschiedliche Aspekte des Gleichen. Sie bilden eine Polarität, haben also ein polares und kein duales Verhältnis. Und in der Polarität sind, wie wir beim Gesetz der Polarität bereits gesehen haben, das Männliche und das Weibliche der polare Ausdruck des Einen. Das Männlich-Weibliche bildet sozusagen eine UR-Polarität im Universum, aber auch im Wesen jedes Einzelnen. Bei einer Polarität können die beiden Pole, wie wir gesehen haben, in Ausgleich und Einklang gebracht werden. Bei einer Dualität ist dies unmöglich.

Camille: Wenn ich richtig verstehe, muss ein Paar vorerst von einem dualen zu einem polaren Beziehungsverständnis übergehen, wenn es einen gemeinsamen Einklang finden will.

Nichias: Ja schon, nur muss dies zuerst in jedem Einzelnen, im Inneren des Mannes und der Frau vor sich gehen. Die »erste« grundlegende Beziehung zwischen weiblich und männlich liegt in dir selbst, in der männlich-weiblichen Polarität in deinem Wesen. Je nachdem, wie du diese innere Polarität lebst, wirst du auch im Äußeren deine Beziehung mit dem männlich-weiblichen Wesen deines Partners leben.

Suche und erreiche folglich ein vollkommenes energetisches Gleichgewicht, indem du die weiblichen und männlichen Energien in dir harmonisch vereinst. Erst in dieser Einheit ist es dir möglich, eine noch größere Einheit der Liebe mit einem männlichen oder weiblichen Partner zu bilden.

Lebst du ein Ungleichgewicht in dir, so führt dies in deinem Inneren zu einem Konflikt, den du in der Regel unbewusst auf deinen Partner projizierst. Nehmen wir an, deine weiblichen Energien wurden in deiner Kindheit verletzt und dadurch in ihrer Kraft geschwächt, so entsteht ein Ungleichgewicht zwischen deinen männlichen und weiblichen Energien in dir selber und du wirst dieses Ungleichgewicht so lange in deiner äußeren Partnerschaft inszenieren, bis du es in dir geheilt hast. In der Regel wählst du einen Partner aus, der dir dein inneres Ungleichgewicht spiegelt. Dies ermöglicht dir, dessen bewusst zu werden und den Konflikt in deinem Inneren aufzulösen.

Nehmen wir ein Beispiel: ein Mädchen hat in ihrer Vaterbeziehung nur wenig Beachtung gefunden. Der Vater war in seiner Kindheit kaum oder wenig präsent und auch wenn er physisch anwesend war, hat er ihm wenig Aufmerksamkeit geschenkt. Das Mädchen kann dies dahingehend erlebt haben, dass es der Aufmerksamkeit und letztlich der Liebe ihres Vaters nicht wert sei. Ihre weiblichen Aspekte als weibliche Verkörperung im Mädchen und später in der Frau nehmen sich als dem Männlichen nicht genügend würdig wahr. Dadurch werden die weiblichen Energien in ihrer Stärke und Kraft geschwächt und die Ursache für ein inneres Ungleichgewicht der männlich-weiblichen Polarität ist gelegt.

Camille: Ich habe festgestellt, dass sich diese Art von Verletzungen energetisch oft in einer Schwächung der Hara-Energie im Schoßraum manifestieren.

Nichias: Ja, ihre tätige, schöpferische Kraft im Sexualchakra kann dadurch geschwächt werden.

Die oben geschilderte Verletzung und das daraus folgende innere Ungleichgewicht der männlich-weiblichen Energien finden dann im Äußern ihren Ausdruck, im Besonderen in der Beziehung zu Männern. Das kann im Privatleben mit einem Partner oder im Berufsleben mit einem Arbeitskollegen oder einem Vorgesetzten der Fall sein. Das Mädchen in der Frau kann sich in der Folge als nicht schön genug oder nicht wichtig, nicht interessant oder intelligent genug wahrnehmen und inszeniert abermals, dass es der Aufmerksamkeit des Männlichen in der äußeren Form des Mannes nicht würdig ist. Diese verinnerlichte Wahrnehmung steht oft in starkem Kontrast zur Fremdwahrnehmung in ihrer Umgebung. Denn jene Frau kann von ihrer Umgebung sogar als besonders intelligent, hübsch und interessant wahrgenommen werden und wahrlich nicht mit der Selbstwahrnehmung der Frau übereinstimmen. Sie mag unbewusst einen beträchtlichen Aufwand leisten, um Aufmerksamkeit oder Beachtung bei Männern zu finden. Sie kann sich aber auch in übermäßiger Scheu an den Rand der Geschehnisse in eine Hülle der Diskretion zurückziehen. In einer männlichen Umgebung wird sie sich vielleicht als weniger kompetent wahrnehmen, auch wenn ihre Kenntnisse vergleichsweise höher liegen mögen. Solche oder ähnliche Begebenheiten wird sie so lange in Szene setzen, bis sie sich daran macht, die Verletzung zu heilen, die Ursache aufzulösen und dadurch ihr energetisches Gleichgewicht zwischen männlich und weiblich wiederherzustellen. Das Weibliche Prinzip kommt dadurch erneut in ihre Kraft zurück und »steht« fortan dem Männlichen auf Augenhöhe gegenüber. Dies wird sich auch im Außen spiegeln, indem sich das Verhältnis zu den Männern verändert und sie fortan mit ihrem Partner oder ihren Arbeitskollegen in natürlicher Weise auf Augenhöhe verkehrt.

Camille: Können sich solche Verletzungen auch in kollektiver Art äußern? Und das daraus folgende Ungleichgewicht würde dann in der Gesellschaft gespiegelt?

Nichias: Natürlich. Du tust gut daran, dies zu erwähnen. Was ich soeben als Ungleichgewicht im Individuum beschrieben habe, spielte sich über Generationen und Jahrtausende hinweg auch auf kollektiver Ebene ab. Überdies ist das Individuum als Teil des Ganzen immer mit dem Kollektiven verbunden. Die Menschheit ist zurzeit ganz besonders dazu eingeladen, einen Ausgleich zwischen den weiblichen und männlichen Energien zu schaffen, um damit einen äonenlangen UR-Konflikt zwischen dem Männlichen und dem Weiblichen zu heilen und aufzulösen. Der Heilungsprozess läuft auf gesellschaftlicher, partnerschaftlicher und individueller Ebene zeitgleich ab, denn alle drei sind miteinander verbunden.

Camille: Ja, das sehe ich auch so.

Nichias: Aber vergiss nie, dass die wahrhaftige Heilung aller Energien und Begebenheiten deines wahren Selbst immer und ausschließlich *in dir* vollzogen wird und nicht im Außen. Sie wird sich aber in der Folge auch im Außen spiegeln.

Die Einheit des Männlichen und Weiblichen in vollkommener Liebe *in dir* ist eine unabdingbare Voraussetzung, um die vollkommene Liebe in einer partnerschaftlichen Beziehung zu leben.

Camille: Dies verdeutlicht mir abermals, dass sich letztlich alles, und damit auch der Heilungsprozess, in meinem Inneren abspielt. Die Außenwelt ist dann gewissermaßen nur noch da, um im äußeren Bewusstsein zu spiegeln, was in meinem Inneren lebendig ist.

Nichias: Das höchste Prinzip des Geschlechtes ist es, sich zu einer reinen und vollkommenen Einheit zusammenzufügen.

Camille: Und dann können wir auch die Einheit in einer Paarbeziehung leben.

Nichias: Die partnerschaftlichen Disharmonien entstehen dann, wenn das Paar innerhalb ihres energetischen Daseins aus dem Gleichgewicht geraten ist.

Wenn du lernst, die weiblichen und männlichen Frequenzen in dir zu vereinen, so hörst du auf, diese Suche nach Heilung immer wieder unbewusst im Außen zu inszenieren. Erlangst du Harmonie und Vollkommenheit in dir, so öffnet sich dir das Tor zur Liebe auch im Außen, wie zum Beispiel in einer Partnerschaft, in aller Schönheit und Einzigartigkeit.

Camille: Und dieses Tor steht letztlich allen Männern, Frauen und Paaren offen. Doch alle müssen es selbst durchschreiten.

Nichias: Genau. Zur Verdeutlichung möchte ich an dieser Stelle noch kurz erwähnen, dass das Prinzip des Geschlechtes nichts mit Trieb, Gier und Wollust des Egos zu tun hat. Ganz im Gegenteil! Jene verunmöglichen dir, eine harmonische, liebende und »heil(ig)e« Vereinigung von Mann und Frau und binden dich an eine energetische Schwingungsfrequenz, die dich an die Dichte der Materie bindet.

Camille: Muss ich das als indirekte Aufforderung zur Enthaltsamkeit verstehen?

Nichias: Keineswegs! Ich lade dich nur dazu ein, die Sexualität möglichst als einen »heiligen« Akt der Vereinigung, also in Liebe, Reinheit, Freude und Vollkommenheit zu vollziehen. Dann zelebrierst du die wundervolle Vereinigung des Männlichen und Weiblichen. Dies ist für viele Paare noch ein Ideal, das ihnen als Wegweiser dient. Auf dem Weg dorthin dürfen sie sich in tiefem gegenseitigem Respekt von allen Verletzungen sowie den Ansprüchen und Begrenzungen der Gesellschaft diesbezüglich befreien. Ich will das an dieser Stelle nur als Ansporn formulieren, doch im Rahmen unseres Austausches über die wesentlichen Lebensprinzipien nicht weiter ausführen.

Vergiss dabei aber nie, dass die Grundlage für diese Vereinigung, der harmonische Ausgleich der weiblichen und männlichen Energien in deinem eigenen Wesen bildet. Nur sie ermöglicht dir, diese Einheit auch im Außen und letztlich auf allen Manifestationsebenen zu leben.

»Ich schlage dir vor, für einen Moment deine Augen zu schließen. Atme tief und ruhig durch, bis in deinen Bauch. Schenke dir deine ganze liebende Aufmerksamkeit. Denn du bist dir bewusst, dass die Liebe alles heilt und die Kraft besitzt, das Ungleichgewicht zwischen dem Männlichen und dem Weiblichen in dir und in der menschlichen Gesellschaft aufzulösen. Du bist dir bewusst, dass dieses Ungleichgewicht seit langem zu Konflikten in deinem Inneren sowie in der Gesellschaft geführt hat. Stell dir einen Augenblick vor, wie du in den Sitzreihen eines Theaters Platz nimmst, während du immer noch tief ein- und ausatmest und dein Wesen sich immer mehr entspannt. Du bist völlig ruhig und klarsichtig. Du bist verbunden mit allen Ressourcen des Universums wie der All-Liebe, dem kosmischen Mitgefühl und dem tiefen, universellen Frieden. Von der Zuschauertribüne herab betrachtest du das Theater der Menschheit aus großer Entfernung in tiefer innerer Gelassenheit. Du bist in deiner Herzenergie und in dir und aus dir strömt liebevolles Verständnis. Du bist in völliger Harmonie, im Auge des Sturms menschlicher Angelegenheiten, wo völlige Stille und Ruhe herrscht. Du richtest nun deine Aufmerksamkeit auf das Geschehen der Weltbühne und beobachtest aus der Ferne Szenen männlich-weiblichen Ungleichgewichts. Du nimmst aus der Ferne wahr, was sich in den Wesen und zwischen den Wesen abspielt. Du beobachtest die Ereignisse in tiefer Gelassenheit, auch wenn du Anreize verspürst, dich mit gewissen Vorkommnissen oder Personen zu identifizieren.

Richte nun einen Augenblick lang deine Aufmerksamkeit auf die weiblichen Energien in den Geschehnissen. Womöglich siehst du das Weibliche in den Mädchen oder den Frauen, ohne dabei zu vergessen, dass das Weibliche auch in den Männern mehr oder weniger präsent ist. Vielleicht betrachtest du Szenen von Verletzungen oder des Leidens, lass es einfach so sein, ohne dich damit zu identifizieren. Du bist und bleibst in der Rolle der allumfassenden Beobachterin des Weltgeschehens. Wähle jetzt eine der Szenen, die sich dir anbieten, aus ... und atme durch dein Kronenchakra über deinem Scheitel ein. Atme mehrmals allumfassende Liebe ein ... stelle dir nun einen mächtigen Liebesstrahl vor, der beim Ausatmen aus deinem Herzen auf die Szene ausströmt. Atme weiterhin frei von den Geschehnissen auf der Bühne in aller Ruhe die All-Liebe ein und lass einen Strom mächtiger Liebe aus deinem Herzen in die Szene ausströmen ... atme wiederholt All-Liebe ein und über deinen mächtigen Herz-Liebesstrom aus ... tu dies in unbegrenzter Großzügigkeit ... alsbald kannst du spüren, wie die Szene von heilender Liebe umhüllt und durchdrungen wird ... womöglich nimmst du bereits wahr, wie sich die Wesen in der Szene durch die einströmende, allumfassende Liebe aus deinem grenzenlos liebenden Herzen wandeln ... und wie sich auch die Szene allmählich wandeln kann ... lass weiterhin allumfassende Liebe aus deinem Herzen ausströmen und atme tief Liebe ein und Liebe aus und du wirst Zeugin, wie die All-Liebe die magische Kraft besitzt, alles Geschehen auf der Bühne des Lebens zu heilen.

Du nimmst immer deutlicher wahr, wie sich die Wesen in deiner Szene und die damit verbundenen Geschehnisse immer weiter wandeln, bis ich die Begebenheiten allmählich auflösen dürfen. Du spürst, wie sich ein tiefer innerer Frieden ausbreitet und deutlich lindernd und befreiend auf die Personen und die Umgebung wirkt ... lass sie einfach noch eine Weile von diesem heilenden Frieden sanft wiegen ... während sich die Last alten Leidens ablöst und im wundervollen Lichte der violetten Flamme umwandelt. Jene breitet sich über das ganze Geschehen aus und verbrennt läuternd, was keine Daseinsberechtigung mehr hat ... Alle Ursachen können sich nunmehr auflösen und endgültig ihre Wirkungen verlieren.

Deine Szene hat sich gewandelt und du spürst, wie sie in neuen Energien schwingt, wie sich Friede und Erleichterung, vielleicht schon ein erster Anflug von Leichtigkeit und neuer Lebensfreude eingestellt hat. Wie du in deinem Bewusstsein weißt, ist im Leben alles miteinander verwoben und somit ist ein Teil immer auch ein Teil des Ganzen. In diesem Sinne darfst du nun die Wandlung in deiner Szene auf die ganze Bühne des Lebens übertragen. Du weißt, wie innen so außen, wie oben so unten, wie im Teil so im Ganzen ... und genau so wirkt im Ganzen, was soeben im Teil vor sich gegangen ist, denn beide sind in Wirklichkeit *eins und alles* zugleich. Du spürst und siehst vielleicht auch, wie das Weibliche in neuer Kraft erstrahlt und nunmehr die innere Kraft und den inneren Frieden besitzt, um dem Männlichen auf Augenhöhe zu begegnen. Das Weibliche leuchtet in seiner Fülle, Kraft und Schönheit ... und die Quelle dieser wahren Schönheit, Kraft und Fülle liegt in dessen Herzen, unabhängig vom männlichen Urteil. Das Weibliche strahlt in vollem Vertrauen wie ein leuchtender Stern in das Leben aus, frei gebend und nehmend.

Das Weibliche darf dem Männlichen jetzt für alles zugefügte Leid vergeben ... vergiss dabei nicht, dass auch du immer wieder in beiden Rollen, bisweilen in der männlichen und alsbald in der weiblichen Rolle auf der Bühne des Lebens gespielt und gehandelt hast ... du hast dich ebenso in der Rolle des Täters wie in der Rolle des Opfers geübt oder hast als Retter dem Opfer voller Mitleid unter die Arme gegriffen. Du hast ebenso im Anzug eines Mannes wie im Kleide einer Frau dein Leben inszeniert ... du hast ebenso verletzt wie du verletzt worden bist und darfst dir nun die Erlaubnis erteilen, das Spiel von Opfer-Täter- Retter endgültig aufzugeben und nunmehr die Rolle der selbstbewussten und verantwortungsvollen Gestalterin des Lebens einzunehmen, bis du irgendwann nicht mehr *das Spiel des Lebens spielst, sondern spielend das Leben lebst*. Frei als die Du wahrlich Bist, in deinem inneren Ausgleich zwischen männlich und weiblich, im Bewusstsein, *dass Männlich und Weiblich bloß die gegensätzlichen Aspekte der gleichen Wirklichkeit sind*, die jederzeit miteinander in Einklang gebracht werden können, so wie du es jetzt deutlich in dir spüren kannst. Vielleicht beginnst du sogar mit der Polarität des Männlich-Weiblichen zu spielen, gehst mal bewusst in die männliche und dann in die weibliche Energie und das Weibliche lädt das Männliche und das Männliche das Weibliche zu einem gemeinsamen Tanz im Herzen ein. Du spürst, wie das Weibliche ebenso als kraftvolle Lebensflamme durch den Schoßraum der Frauen wirkt wie in Form von verständnisvollem Mitgefühl durch einfühlsame Männer. Das Weibliche ist lebendig und kraftvoll. Es ist im vollen Vertrauen und bereit, das Männliche liebevoll in sich aufzunehmen. Es schenkt dem Leben seine all-umfassende Liebe, sein selbstloses Mitgefühl, seine Zärtlichkeit und Anmut, seine Schönheit und Großzügigkeit. Wohlwollend nimmt es das Männliche an und vertrauensvoll in sich auf und vereint sich im kosmischen Akt der Liebe. Voller Hingabe, ohne sich aufzugeben, wirkt es im Dienste des Lebens empfindsam und lebensfroh. Es leuchtet in voller Kraft, Reinheit und Schönheit wie Venus am nächtlichen Himmelszelt.«

Camille (nach langer Vertiefung): Es ist so wohltuend, das Weibliche in tiefem Frieden und der inneren Kraft zu spüren. Das Jahrtausende alte Misstrauen gegenüber dem Männlichen ist verflogen. Ich fühle mich in meiner inneren Weiblichkeit gestärkt und diese Kraft ist friedvoll und mächtig. Wenn ich in meiner Kraft bin, so brauche ich weder Macht über andere auszuüben noch kann eine äußere Macht mich meiner Kraft berauben. In der Kraft meiner inneren Weiblichkeit brauche ich mir als Frau keine äußere Härte mehr umzulegen, um bisweilen in der Rohheit der Welt zu bestehen. Ich kann nun die weiblichen Qualitäten ganz zum Ausdruck bringen. Feinfühligkeit, Sanftheit oder

Empathie sind willkommene Stärken. Sachlich weiblich und lieblich männlich singen und klingen versöhnlich. Die Leichtigkeit im Herzen hat die Schwere im Bauch ausgehaucht. Heiter singt das Mädchen mit reifer Frauenstimme. Die Frau will nun mit einem reifen Mann und nicht mit einem aufgeplusterten Gockeljungen tanzen. Authentisch und echt will sie dem Menschen im Mann begegnen. Schluss mit dem Verführungsspiel, wo sich Mann und Frau gegenseitig mit den Sinnen und von Sinnen um den Finger wickeln.

Die Liebesbeziehung zwischen Frau und Mann beginnt in mir und gedeiht in der Harmonie und dem Ausgleich zwischen dem Weiblichen und Männlichen in meinem Wesen. Meine erste Liebesgeschichte spielt sich in meinem eigenen Herzen ab. In der weiblich-männlichen Einheit kann ich dann die Fülle meines Wesens als Frau meinem Liebhaber in der äußeren Welt schenken. In der Fülle von Einheit und Liebe suche ich nicht mehr vergeblich meinen Mangel an Liebe im Äußeren zu stillen und Geben wird zugleich zum Nehmen. In meiner liebenden Einheit treffe ich auf die liebende Einheit im Mann, um eine neue größere Einheit zu bilden, bis sich jene wiederum in die kosmische Einheit einfügt. So wird die Verbindung von Mann und Frau zum heiligen, kosmischen Akt. In allumfassendem Vertrauen nimmt das Weibliche das Männliche, die Frau den Mann in sich auf ...

Nichias: ... und in allumfassendem Vertrauen gibt sich das Männliche dem Weiblichen, der Mann der Frau hin. Gemeinsam verschmelzen sie in der menschlich-göttlichen Einheit.

Camille: Der Akt der Liebe zelebriert dann die göttliche Einheit des Weiblich-Männlichen im kosmisch-leiblichen Menschen.

Nichias: Der Akt der göttlichen Schöpfung geschieht in der Vereinigung der männlich-weiblichen Pole. Daraus entsteht die Vervielfältigung des Ganzen in seinen Teilen, wobei die Teile immer dem Ganzen entsprechen.

Camille (schmunzelnd): Ganz nach dem Prinzip der Entsprechung. Ich verstehe und spüre immer deutlicher, wie alle Lebensprinzipien miteinander verknüpft sind.

Nichias: Auch sie sind miteinander verwobene Teile des EINEN großen Prinzips der LIEBE.

Camille: Ich spüre nun deutlich, wie das Weibliche in mir in Frieden und Kraft schwingt. Ich habe bei mir selbst und auch bei anderen Frauen beobachtet, dass sich Verletzungen, die das Weibliche schwächen, oft in der Minderung der Energie im Sexualchakra äußern. Verletzungen des Männlichen hingegen scheinen oft die Herzenergie zu blockieren. Ich werde in diesem Augenblick gewahr, dass ich die männlichen Energien und deren allfällige Verletzungen in mir nicht bewusst spüre und schließe daraus, dass ich sie womöglich auch in meiner Außenwelt nicht wirklich wahrnehme.

Nichias: Überblickst du die Menschheitsgeschichte in deren Ganzheit, so hat das Weibliche ebenso wie das Männliche immer wieder verletzt und Verletzungen erlitten. Mit anderen Worten ausgedrückt, das Verhältnis von männlich-weiblich ist seit Äonen aus dem Gleichgewicht geraten. Beide Seiten können sich einander dafür die Schuld in die Schuhe schieben und die andere Seite verurteilen. Die Menschen haben sich dazu entschieden, die Erfahrung der Dualität zu machen, was – wie du weißt – eine Welt der Illusion geschaffen hat. Die daraus entstandene Welt im Trennungsbewusstsein hat auch vor den Türen des Verhältnisses zwischen weiblich und männlich nicht Halt gemacht und viel Leid und Unglück bereitet. Diese Erfahrung ermöglicht den Menschen jedoch, eine neue und nunmehr voll bewusste Ausgeglichenheit zwischen dem Männlichen und dem Weiblichen im Inneren wie im Äußeren zu erschaffen.

Camille: Zum Glück hat es dann doch etwas genützt. Nur hätte die ganze Geschichte nach meinem Empfinden nicht so lange dauern müssen.

Nichias: Sie wird sich dann auflösen, wenn alle Wesen auf Erden diesen bewussten Ausgleich in sich selbst geschaffen haben. Damit wird ein UR-Konflikt in ihnen und in der Welt aufgelöst und die Menschheit begibt sich in die Arme des Friedens. Die UR-Polarität männlich-weiblich findet dann den kosmischen Ausgleich im Menschen *(vergnügt)* Das scheint kein Pappenstiel zu sein!

Camille: Ein langer Weg führt zum krönenden Abschluss und hat die Welt eine einmalige Erfahrung machen lassen. So gesehen ist es für das Universum in der Tat keine unwesentliche Erfahrungs-Bereicherung. Reichern wir doch bitte noch meine Erfahrung mit der Heilung des Männlichen an.

Nichias: Mit Vergnügen! Ich möchte dich dabei noch einmal kurz an das Prinzip der Entsprechung erinnern. Wir haben zum Beispiel gesehen: Wie innen so außen, wie außen so innen. Das Leben im Außen ist der Spiegel deines Inneren und dein Inneres drückt sich demzufolge im Äußeren aus. Dies erklärt, wie ich des Öfteren erörtert habe, dass sich alle Heilungsprozesse, die du im Inneren vollziehst, auch im Außen ausführen und umgekehrt. Der Heilungsprozess ist in Wirklichkeit erst dann abgeschlossen, wenn alle Missklänge harmonisiert sind und sich alle Spiegelungen aufgelöst haben.

Camille (scherzend): Das ist aber schade. Dann können wir uns nicht mehr im Spiegelsaal verirren und die Schuld dem Spiegel zuschieben.

Nichias: Du singst dann: »Spieglein, Spieglein an der Wand, Wir sind *alle* die Schönsten im ganzen Land!«

Camille: Schöner, besser, stärker und Company haben dann definitiv ausgedient.

Nichias: Und die Menschen dienen der EINEN Schönheit, Wahrheit, Freiheit und Liebe.

Camille: Das Falschspielen hat ausgespielt und das Leben kann beginnen.

Nichias: Beginnen wir nunmehr mit der Heilung des Männlichen in dir und in der Welt.

Camille: Mit Vergnügen!

Nichias: »Setz dich abermals entspannt und aufrecht hin und nimm ein paar tiefe Atemzüge. Während du ein- und ausatmest, kannst du unmittelbar spüren, wie sich dein Körper entspannt und wie sich dein Verstand eine Weile die verdiente Ruhe gönnen darf. Während du so bewusst atmest, kann sich deine Aufmerksamkeit auf die innere Ruhe ausrichten und schon steigert sich deine innere

Wahrnehmung merklich. Du hast die Wahl getroffen, in deinem Wesen den harmonischen Ausgleich der männlich-weiblichen Polarität zu schaffen. Du gibst dir die Möglichkeit, die Verletzungen des Männlichen im Spiegel der bewussten Wahrnehmung zu betrachten. Du nimmst abermals auf der Zuschauertribüne hoch über der Weltbühne Platz. Aus weiter Entfernung betrachtest du mit Adleraugen die Lebensszenen im Theater oder im Film des Weltgeschehens auf Erden. Du richtest nun allmählich deine Aufmerksamkeit auf die Energien und Manifestationen des Weiblichen und Männlichen in und zwischen den Menschen. Stell dir vor, die ganze Geschichte der Menschheit spielte sich nunmehr in einem einzigen Augenblick ab. Du siehst mit deinen Adleraugen alle Einzelheiten und das gesamte Geschehen zugleich.

Lass dich nun spontan zu einer Szene führen, bei der das Männliche Verletzungen erlebt. Beobachte abermals die Geschehnisse mit deinem tiefen, kosmischen Mitgefühl. Fühle mit, ohne dich damit zu identifizieren und schenke der Szene deine einfühlsame Aufmerksamkeit, die weder bewertet noch verurteilt wird. Schon dadurch, dass du urteilsfrei annimmst, kann Heilung geschehen. Betrachte weiterhin die Szene, die sich dir immer deutlicher in weiteren Einzelheiten offenbart. Sieh genau hin, auch wenn du vielleicht das Gefühl hast, dass dir das Geschehen nichts Erfreuliches darbietet ... bleib in deiner inneren Haltung des

Regisseurs mit dem universellen Blick. Vielleicht zeigt sich dir das verletzte Männliche in einem Jungen oder einem Mann oder womöglich auch in einem Mädchen oder einer Frau. Das ist völlig unwichtig, nimm es einfach wahr und mit Wohlwollen an und betrachte es aus einer neutralen männlichweiblichen Perspektive. In deiner wohlwollenden, vater-mütterlichen Grundhaltung darfst du nun diese Szene und das oder die betroffenen Wesen mit verständnisvoller Liebe umhüllen ... du atmest dazu allumfassende Liebe über dein Scheitelchakra ein und bildest einen mächtigen Lichtstrahl, der aus deinem Herzen aus- und in die Szene einfließt ... atme mehrmals verständnisvolle Liebe durch deinen Scheitel ein und über dein Herz in das Geschehnis aus ... unabhängig davon, ob du die Szene in ihren Einzelheiten siehst oder wahrnimmst oder sie einfach in ihrer Allgemeinheit spürst, fühlst du womöglich immer deutlicher, wie sich ein Hauch von Frieden und Erleichterung über die Szene legt und eine sanfte Brise der Leichtigkeit im Herzen der Betroffenen weht. Das verletzte Männliche darf nun seinen Panzer, der ihn vor seiner Empfindsamkeit schützt, ablegen und seine Verletzlichkeit und Traurigkeit annehmen ... Es darf sich sogar, wenn es dies wünscht, für einen Augenblick vertrauensvoll in die verständnisvollen, weiblichen Arme der UR-Mutter legen ... das Männliche kann so seine äußere Gewalt abgeben und die Erfahrung machen, in seine

Schwäche zu gehen und sich ihr vertrauensvoll hinzugeben. In der Schwäche angekommen, kann das Männliche die heilende Erfahrung machen, dass in der Schwäche auch die Stärke liegt. Es darf in diesem Umwandlungsprozess ebenfalls in seine innere Kraft eintreten ... in dieser inneren Kraft kommt es in die wahre Macht und Größe. Ein neues Bewusstsein offenbart sich ihm mit den folgenden Worten: »*Wenn ich in meiner inneren Kraft und Macht bin, brauche ich keine Macht mehr über andere auszuüben*« ... was für eine erleichternde Erfahrung, jegliche Macht über andere, ob in Form von physischer oder psychischer Gewalt, abzugeben zu können.

Das Männliche darf jetzt einfach unversehrt loslassen und in die wahre Macht in seinem Herzen übergehen, in die Macht der Liebe, die allmächtig und allumfassend ist und wirkt. Welche wunderliche Verwandlung, wenn das Leben im Herzen wieder in den Fluss kommt und der Panzer der Rüstung endgültig abgelegt wird ... sodann sich die Kraft des Männlichen mit Sanftheit ausdrücken darf ... welch erlösende Wirkung, wenn das Männliche abermals mit seinen Gefühlen und Empfindungen verbunden ist und allzeit spürt, was in ihm und den anderen lebendig ist.

Die Angst zu verletzen und verletzt zu werden, weicht im Männlich-Weiblichen der vertrauensvollen Hingabe und Aufnahme. Das unzertrennliche weiblich-männliche Paar löst sich aus dem Täter-

Opfer- Spiel und geht über in das wahre Liebes-spiel, bei dem sie sich freudvoll in ewiger Einheit unablässig vereinen. Die verhärteten männlichen Strukturen weichen sich zusehends auf, werden flexibel und dynamisch ... Das Männliche nimmt seinen Platz im Herzen des Lebens wieder ein und legt die alten Rollen, die es unbewusst angenommen hat, für immer ab. Der Schauspieler, der seine Rollen so lange selbsttätig abgespult hat, erwacht ins Bewusstsein des Herzens im feinfühligen Menschen, in dem weiblich und männlich im harmonischen Ausgleich miteinander leben.

Du darfst nun, lieber Mensch, in männlicher oder weiblicher Gestalt, in deine innere Einheit von männlich-weiblich übergehen, im Bewusstsein, dass du immer beides bist: das unzertrennliche weiblich-männliche Paar, das UR-Schöpferprinzip im Universum. *Das männliche Prinzip gibt sich dem Weiblichen völlig hin, aktiv handelnd, auslösend und strukturgebend. Das Weibliche nimmt empfangend in sich auf, Leben spendend, allumfassend und kreierend. Im schöpferischen Akt ist alles immer und allzeit in Bewegung.* Du schöpfst erst im vollkommenen Ausgleich zwischen männlich und weiblich harmonische Wirklichkeiten im Leben. *Im Bewusstsein, dass weiblich und männlich unterschiedliche Aspekte der gleichen Wirklichkeit sind, schaffst du in deinem Leben fortan vollkommene Lebensformen.* Intuition und Vernunft, Sein und Handeln, Hin-Geben und Auf-Nehmen tanzen in tiefer Umarmung und einfühlsamem Miteinander. Das Eine *oder* das Andere geht über in das Eine *und* das Andere, wobei sich das Andere mit dem Einen vereint. Das Ungleiche findet sich im gleichgesinnten Ausgleich der männlich-weiblichen Polarität.

Dieser harmonische Ausgleich zwischen männlich und weiblich in dir, außerhalb von dir sowie auf der Bühne der Menschheit kann sich jetzt tief in dir verankern und sich einschwingen in das kosmische Gleichgewicht des ewig fließenden Urquells. Dabei wirkt das Männlich-Weibliche als Schöpferprinzip allen Lebens. *Aus dem Einen fließt Alles, damit Alles wieder dem Einen zufließt, im ewigen Schöpfungsprozess.*

Du kannst nun allmählich in dein Tagesbewusstsein zurückkehren, wobei das allumfassende Bewusstsein, in dem du soeben verweilt hast, weiterhin aus deinem Herz-Geist in die Welt wirkt. Du kannst deine Hände, Arme oder deinen Nacken bewegen, wie es dir beliebt und die Augen erneut öffnen, um die Welt mit neuen Augen zu betrachten, aus der Perspektive weiblich-männlicher Einheit und Eintracht.«

Camille: Wow, was für ein tiefer Frieden schwingt in mir und beschwingt die Leichtigkeit meines Seins. Ich spüre tief in meinem Inneren, dass das Weiblich-Männliche die Grundbeziehung im Universum ist. Wenn sie in Harmonie schwingt, sind alle Beziehungen mit anderen Menschen im

Leben harmonisch. Es ist, als hätten sich in mir alle Beziehungen mit anderen Lebewesen in einen neuen, ausgeglichenen Ur-klang eingestimmt. Alle Spannungen und Missklänge in zwischenmenschlichen Beziehungen können sich nun auflösen. Das ist wunderbar!

Nichias (schmunzelnd): Lass dich fortan von dieser Leichtigkeit in deinem Wirken in der Welt beschwingen. Wenn du einverstanden bist, möchte ich noch kurz auf das Wirken des Prinzips der Geschlechtlichkeit auf der geistigen Ebene eingehen.

Camille: Selbstverständlich!

Nichias: Wie wir gesehen haben, ist das Prinzip des Geschlechts omnipräsent und durchdringt ALLES im Universum. Das männlich-weibliche Prinzip ist *Ursache aller Schöpfung und überall und auf allen Ebenen des Daseins im Universum aktiv.* Folglich auch auf geistiger Ebene.

Wie wir mit Verweis auf das Prinzip der Anziehung gesehen haben, bestehen alle kosmischen Aktivitäten aus Kräften der Anziehung und alle Anziehung ist eine geschlechtliche Anziehung. Diese wirkt gewissermaßen als UR-Antriebskraft hinter allen Aktivitäten des Universums.

Camille: Dessen war ich mir so noch nicht bewusst.

Nichias: Der bewusste Geist entspricht dabei dem männlichen Prinzip. In Form einer Willensäußerung gibt es den Impuls zur Manifestation. Es befruchtet mit Saatgedanken den unbewussten Geist, welcher dem weiblichen Prinzip entspricht. Der unbewusste Geist empfängt die Saatgedanken und erzeugt in einer Art geistiger Gebärmutter die geistige Schöpfung in der Form von Ideen, Gedanken und Aktionen. In jenem »Geistigen Schossraum« wird also der Reichtum »geistiger Sprösslinge«, ein echter Fundus unbegrenzter, latenter Möglichkeiten der Erschaffung erzeugt. Wir finden hier eine unermessliche Kraft geistiger, erschaffender Energie. Doch jene muss vom bewussten Geist stimuliert werden, damit du ihn als Werkzeug der Erschaffung und deiner Kreativität nutzen kannst.

Camille: Ich verstehe. Nur ein starker Wille ermöglicht mir, diesen unermesslichen Reichtum des Erschaffens aktiv und kreativ zu nutzen.

Nichias: Ganz genau. Viele Menschen benutzen noch kaum die Kraft des Willens und stehen somit unter dem Einfluss von einem starken, äußeren Willen, der seine Saatgedanken wie Samenkörner in deren unbewussten Geist einpflanzt. Ihre geistige Gebärmutter erzeugt dann Gedanken und Aktionen, die von fremden geistigen Samen stammen, im falschen Glauben, sie wären ihre eigenen.

Camille: Mir fällt es abermals wie Schuppen von den Augen. Ich beginne zu verstehen, was du sagen wolltest, wenn du bisweilen von einer kollektiven Hypnose der Massenbevölkerung gesprochen hast.

Nichias: Das männliche Prinzip in der Form des bewussten Geistes projiziert seine Schwingung in das weibliche Prinzip des Geistes ...

Camille: ... und der Gedanke wird dann als Samen in den unbewussten Geist des anderen eingepflanzt. Jener lässt ihn zur Reife entwickeln, bis er als Kuckucksei aus dem Geiste des anderen geboren wird.

Nichias: Das maskuline Prinzip im Geist gibt in der Tat eine Suggestion ein und leitet den Strom der Schwingungen zum femininen Prinzip weiter, in deren Gebärmutter dann Neues entstehen kann. Findet dieser Schöpfungsprozess im Lichte und der Liebe statt, so kann der Mensch wahrlich einen unermesslichen Schatz unendlichen Reichtums bergen, denn das Universum ist grenzenlos. Dieser Prozess findet, wie wir gesehen haben, auf allen Ebenen statt, folglich auch auf der rein geistigen Ebene. Die Schöpfungsprozesse können und dürfen schließlich immer nur im Lichte der Liebe stattfinden.

Camille: Ich verstehe jetzt auch den wahren Nutzen und die Kraft einer mit Liebe und tiefem Respekt praktizierten Hypnosetherapie. Die Suggestion wirkt dabei als Saatgedanke, der im unbewussten Geist eingepflanzt wird. Nur stammt der Saatgedanke, der eine Veränderung bewirken soll, dem Wunsch und Willen des Menschen, der mit seinem eigenen Willen diese Veränderung oder Umwandlung anstößt.

Nichias: Mit Vorteil stammen dann Wille und Saatgedanken aus seinem Herzbewusstsein.

Camille: Ja natürlich. Stammen Wille und geistiger Samen aus dem Ego-Bewusstsein, so ersetzt bloß eine Illusion die andere.

Nichias: Die geschlechtliche Anziehung, die im und durch das Prinzip der Anziehung wirkt, steht folglich als Antriebskraft hinter allen Aktivitäten des Kosmos. Sie bestimmen die Schöpfungsprozesse auf allen Ebenen und sind ebenso auf rein geistiger Ebene bei der Entstehung von Universen wie bei der Gestaltung von menschlichen Wirklichkeiten aktiv.

Nachwort

Das EINE Gesetz der Liebe

Liebe ist das UR-Prinzip,
das allen anderen Prinzipien,
die das Leben bestimmen, zugrunde liegt.

»Das Eine ist in allem
und alles ist im Einen«

Nichias: Ja wahrlich, die Liebe ist der Urquell, dem alles entspringt, der alles belebt, durchdringt und umfasst. Liebe ist die wirkende Kraft in allem Lebendigen, der Lebensfluss, der alle Lebensformen durchströmt und am Leben erhält. Liebe ist im Ursprung eine unbeschreiblich hohe feinstoffliche Schwingungsfrequenz, je näher dem Ur-Quell desto höher ist ihre Frequenz. Der Ur-Quell strahlt die Liebe vergleichbar mit einer Sonne allzeit und überall aus. Sie ist die Ursache allen Lebens und ihre Wirkung ist in allem lebendigen Dasein. Sie ist Ursache und Wirkung zugleich. Nichts kann sich ihrer Wirkung entziehen, auch die dichtesten Schatten nicht. Sie schmilzt die Schatten auf wie die Sonne das Eis.

Liebe ist das ordnende Prinzip, das allem Leben zugrunde liegt. So entspringen alle Lebensprinzipien, über die wir uns unterhalten haben, der Liebe. Demnach ist beispielsweise das Prinzip der Anziehung nichts anderes als die wirkende Kraft der Liebe, ein immer während Energiefeld, das die schöpferischen Impulse in dessen Resonanzfeld aufnimmt und die entsprechenden Verbindungen bewirkt.

Natürlich ist es kaum möglich, das Prinzip der Liebe in der Begrenztheit der menschlichen Sprache auch nur ansatzweise zu beschreiben. Diese Worte mögen dir bloß helfen – wenn du über ihre begrenzte Bedeutung hinweggehst – dich in sie einzuschwingen. *Du erfühlst die Liebe mit deinem Herz-Gefühl und sie offenbart sich deinem Herz-Geist.*

Camille: Ja, ich kann mich ihr nur hingeben.

Nichias: Die Liebe enthält ALLES und alles ist in der Liebe. Sie umfasst und erfüllt alles und hält alles zusammen. Sie orchestriert alle Lebensformen im Omniversum[1]. Dank ihr hält jeder Himmelskörper perfekt seine Laufbahn und sein Verhältnis zu den anderen Gestirnen. Sie überlässt nichts dem Zufall und wirkt über und durch alle kosmischen Prinzipien, die das Formenleben bestimmen.

Liebe ist das EINE Prinzip jenseits der kosmischen Prinzipien. Ihre Kohäsionskraft ist die leitende Ordnungskraft in allen universellen Systemen. Ohne sie würde alles unweigerlich in den

---

1 (Anm. der Schreiberin) Begriff für die Gesamtheit der Universen

formlosen Zustand zurückkehren und wieder Teil der Ursubstanz des Lebens werden.

Camille: Du hast gesagt, dass wir ein Gesetz oder Prinzip nicht außer Kraft setzen, wir uns seinen Wirkungen jedoch entziehen könnten. Liegt in der Liebe der Schlüssel dazu?

Nichias: Deine Intuition trifft den Kern der Sache. Die Kenntnis der Gesetze und deren bewusste Anwendung sind der erste Schlüssel zu deren Meisterung.

Der Geist der Liebe haucht allen Lebensprinzipien und -formen den göttlichen Atem ein.
Du erschaffst im Geiste der Liebe mit den Prinzipien »Anziehung-Entsprechung-Ursache und Wirkung« Wirklichkeiten auf Erden, die ein Ebenbild der UR-Quelle abbilden. Die Liebe bietet die einzige Gewähr, dass die Schöpfergesetze zum Wohle des Ganzen und des Einzelnen zur Anwendung kommen. Mit ihrer Hilfe kann die Menschheit wieder zur bewussten Mit-Schöpferin des Paradieses auf Erden oder eben des Neuen Goldenen Zeitalters werden.

Bei den Prinzipien »Polarität-Rhythmus-männlich-weibliches Prinzip« projiziert sich die Einheit in die Vielheit. Dies geschieht immer über die männlich-weibliche Polarität, das UR-Paar aller Schöpfung auf allen Ebenen des Lebens. Damit verstehst du unter anderem, warum du eine Zwillingsflamme hast, welche den männlichen Pol der Seelenschöpfung verkörpert. So bildet jede Seele in Entsprechung die multiplen Facetten ihrer selbst.

Camille: Und da alles Lebendige eine Seele besitzt, geschieht dies auf allen Ebenen des Lebens. Das mit der Zwillingsflamme habe ich bisher noch nie so verstanden. Folglich ist jene, die hier in der Form von »Ich« spricht nur der multiple Aspekt einer übergeordneten einheitlichen Seele.

Nichias: Ja, schon. Doch bleiben wir bei unserem Thema. Wie wir gesehen haben, bilden und bestimmen unzählige Polaritäten das Leben in den Formen und zwischen den Polen gibt es ein Spannungsfeld und eine Entsprechung. Außerdem schwingt das Pendel zwischen den beiden Polen und verleiht damit dem Leben einen Rhythmus. Nun fragst du dich: »Und was hat damit bloß die Liebe zu tun?«

Camille: Du spionierst meine Gedanken aus!

Nichias: Ich habe zu Beginn gesagt: »Die Liebe ist das EINE Gesetz«. Sie ist somit der zentrale Schlüssel im Leben mit den kosmischen Gesetzen. An anderer Stelle haben wir gesehen, dass du die Gesetze nicht außer Kraft setzen, sich deren Wirkungen hingegen entziehen kannst. Die Wirkung der jeweiligen Extreme hebt sich auf einer höheren

Ebene im »Ruhepol« oder »Nullpunkt« jenseits der beiden Pole auf. Jener Ruhepol liegt wie eine Dreiecksspitze jenseits der unter ihr liegenden Ecken. In ihm findest du in die Einheit. Liebe ist nichts anderes als die Einheit und umgekehrt. Bist du in der Liebe, so lösen sich die Spannungsfelder der Gegensätze in der Einheit auf. Die entgegengesetzten Pole werden in die Einheit integriert, ohne dass sich ihr Wesen dabei auflöst. Ich betone: Nicht das Gesetz, sondern die Wirkung des gegensätzlichen Spannungsfeldes löst sich in der Einheit der Liebe auf. Hier liegt ein wesentlicher Schlüssel für den »Mittleren Weg«, den einst ein großer Meister als Pfad zur Erleuchtung gelehrt hat. Im Nullpunkt, beziehungsweise *im Ruhepol der Einheit und Liebe, bist du in vollkommener Ausgeglichenheit und Harmonie jenseits der Extreme und befreit vom Ausschlag des rhythmischen Pendels, der dich in den Gegensätzen »gefangen« hält.*

Ich möchte hier nochmals erwähnen, dass die Alchemie das Prinzip der Polarität nutzt, um einen Zustand in einen anderen umzuwandeln. Nun besteht die geistige Alchemie ja gerade darin, Schatten in Licht umzuwandeln, um alsbald in das sogenannte »ewige«, feinstoffliche Licht jenseits von Licht und Schatten einzugehen.

Als kosmischer Mensch bist du dir bewusst, dass alles Leben aus dem Allgeist der Liebe erschaffen wird, damit sich das Universum in seiner Göttlichkeit auf Erden manifestieren kann. Du entscheidest dich bewusst, in deiner Schöpferkraft und im Dienste der Göttlichkeit als Schöpferwesen auf dem wundervollen Planeten Erde zu wirken und dabei die *Schöpfer-Prinzipien* bewusst und respektvoll anzuwenden. Du erschaffst dabei aus der All-Liebe und dem AllBewusstsein heraus.

Du hast dich auf Seelenebene bewusst entschieden, auf Erden als geistige Alchemistin mitzuwirken bei der Umwandlung aller Schatten in Licht, damit Erde und Menschheit in ihre wahre Lichtnatur (zurück)finden können. Dazu wendest du fortan bewusst die *Alchemistischen Prinzipien* an.

Im Neuen Zeitalter wirkst du allzeit als Schöpferin aus der Quelle der Liebe und wandelst alle Gegensätzlichkeiten in Liebe um. *Alles Leben fließt aus der Quelle der Liebe und mündet im Ozean der Liebe.* Bist du im Fluss des Lebens, so wirkt das EINE Gesetz der Liebe allzeit in dir und durch dich.

In tiefer Liebe,
Nichias

Autor

Schon in meinen Jugendjahren spürte ich den Antrieb, das Wesen des Lebens in seiner Tiefe und Intensität zu erkunden. Dies führte mich unter anderem zur Auseinandersetzung mit Kunst, Literatur, Psychologie und Philosophie. Alsbald folgte ein Studium der Literatur und Psychologie, später verschiedene Ausbildungen in der Begleitung von Menschen.

Auf der Suche nach meinem Wesen gelangte ich allmählich zu einer immer tieferen Erkenntnis und Verwirklichung meines wahren Selbst. Es reifte in mir die Gewissheit, dass Wahrheit und Weisheit nicht verstandesmäßig, sondern vielmehr intuitiv erfassbar und erlebbar sind und dass sich Weltwissen nur dem Geist des Herzens offenbart.